기대

기대

결코 놓칠 수 없는 간절한 바람

이용규

규장

…

하나님이 더 이상
보이지 않는 것처럼
느껴지는 순간을 만났지.

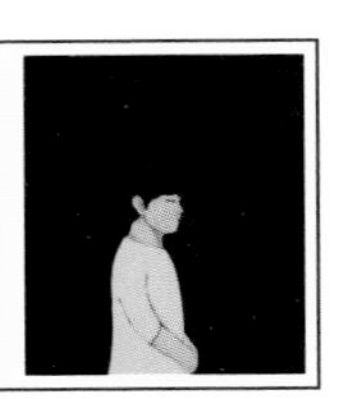

"내 모든 기도가 막힌 것 같고…"

…

하나님께서 주신 꿈이라고 믿고
선택한 길에서
계속되는 좌절을 경험했어.

"내가 간절히 바라던 소망이 스러지는 듯했지."

…

그때는 지금까지 알아왔던 하나님과
전혀 다른 하나님을 만나는 순간이었어.

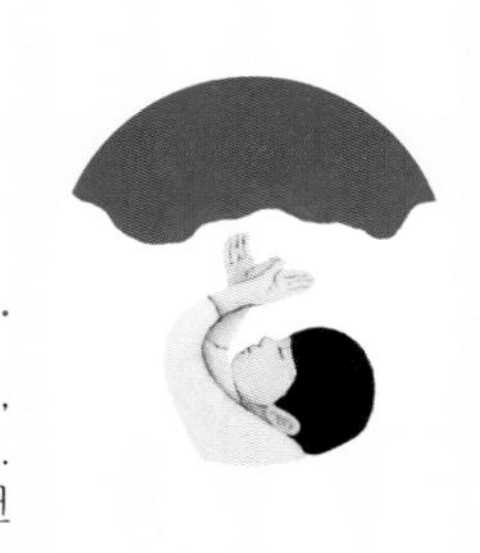

…

우리는 고통스러울 때,
비로소 하나님을 향해 부르짖지.
하나님께 부르짖는다는 건
소망을 마음에 두었을 때 가능해.

…

우리가 너무 힘들어
낙망하고 좌절했을 때는
기도할 의지도 사라지지.

"하지만 그분이 내 부르짖음을 듣고 계심을
마음으로 깨닫는 것만으로도
우리에게 위로와 힘이 돼."

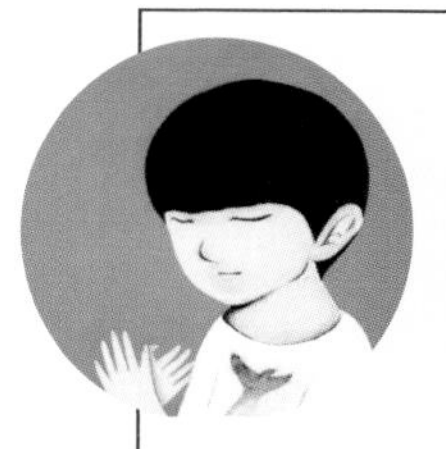

…

우리 안의 세상을 향한 기대와
하나님의 통치를 향한 기대가 충돌할 때…
지혜로운 삶은 하나님의 다스림 가운데 존재하는
영원한 삶을 준비하는 거야.

"삶이 어려워지고 불편해진다고
소망을 잃어야 할 이유는 없어."

…

많은 사람들에게는
고통과 두려움의 시간이 되겠지만
하나님을 소망하는 이들에게
새로운 기회가 될 수 있으니까!

CONTENTS

PART 3

목마름의 이유

두려움에 직면하여 드리는 고백

PART 4

예비된 선물

만남과 채우심의 은혜

Prologue

어둠 가운데
소망을 노래함

마중하다 2015

… 진정한 위로와 회복

한국교회를 방문할 때면 안타까운 점이 있다. 매년 성도들의 얼굴이 어두워지고, 나이 들어가고 있다는 것이다. 젊은이들의 비율이 확연히 줄고 있음이 느껴진다. 이는 지금 내가 사는 인도네시아를 비롯한 동남아시아의 상황과 많이 다르다. 인도네시아나 싱가포르의 교회에는 젊은이들이 매년 늘어가고 있기 때문이다.

여러 정황으로 볼 때 한국의 경제 상황은 앞으로 더 어려워질 것이다. 이 글이 출간될 즈음에는 깊은 침체의 나락으로 떨어지고 있을지도 모른다. 그러나 삶이 어려워지고 불편해진다고 해서 소망을 잃어야 할 이유는 없다.

물론 많은 사람에게는 고통과 두려움의 시간이 되겠지만 하나님을 소망하는 이들에게는 새로운 기회가 될 것이다. 삶의 편안함을 목적으로 삼지 않는다면 이 시기는 하나님을 신뢰하는 자들에게 새로운 기회를 허락할 것이다.

언젠가 어느 매체와 인터뷰를 하면서 요청을 받았다.

"취업의 어려움 속에서 비탄에 빠지는 한국의 젊은이들을 두고 '삼포, 오포, 칠포 세대'라고 말합니다. 이들을 향한 권면을 해주세요."

나는 간단하게 답했다.

"실은 젊은이들이 한 가지만 포기하면 다른 것들은 포기할 필요가 없어요. 결혼, 취업, 자녀 등을 포기하는 진짜 이유는 불편해지기 싫어서예요. 편안하고 안락한 삶을 포기하면 다른 것들을 포기할 필요가 없어요. 불편하다고 불행하지는 않아요. 여전히 행복할 수 있습니다. 하지만 '편안한 삶'이 목표가 되면 조금만 어려워져도 행복감을 잃지요."

한국의 출판계와 방송계에서는 강한 힐링 열풍이 분 지 오래되었다. 또한 많은 독자와 시청자들이 자신을 위로하고 조언해줄 멘토를 찾고 있다. 크리스천들도 동일하게 위로와 멘토를 향한 갈증으로 서점을 찾는다. 이들은 즉흥적인 위안을 찾을 뿐 고통의 근본 문제와 자신의 고통이 갖는 의도된 목적에는 깊은 주의를 기울이지 않는다.

물론 상처받은 영혼에 공감해주고 옆에서 "이게 끝이 아니야. 관점을 달리해서 봐"라고 설명해주는 건 필요하다. 하지만 그 단계에 머물러 있으면 안 된다. 듣기 편한 사람의 말과 달콤한 위로로 해결되지 않는 영역이 존재하기 때문이다. 사람의 말은 잠깐 달콤하지만 다시 현실을 돌파할 힘을 주지 못한다. 그 위로는 계속되는 어려움 속에서는 오래가기 쉽지 않다. 듣기 좋은 말과 위로는 잠시 위안이 될 수 있지만, 중독성이 있어 더 큰 위로에 갈증을 느끼게 할 뿐이다.

진정한 위로와 회복이 그들에게 임하기 원한다면, 이 세상을 지으시고 우리의 인생을 관장하시는 하나님을 바라보게 해야 한다. '우리를 향한 그분의 계획과 목적'이라는 큰 틀을 이해한 뒤에 인생의 수많은 굴곡과 문제들을 볼 수 있게 도와주어야 한다. 그래야만 극복할 수 있을 뿐 아니라 그것을 통해 오히려 큰 유익을 얻을 수 있다. 근원적인 해결을 위해서는 성경이 우리에게 주고자 하는 평안과 위로의 메시지가 무언가에 귀 기울일 필요가 있다.

성경은 온전한 치유가 임하려면 우리의 상처받고 죄 된 자아가 하나님 안에서 깨어지고 변화되어 다시 새롭게 자라고 훈련받는 과정이 수반되어야 한다고 말씀한다. 즉 잠시 불편하겠지만, 자아의 죽음과 새로운 삶을 향한 가치관과 태도의 변화로 나아가야 한다는 것이다.

그것은 사람의 힘으로 할 수 없고, 전적으로 자신의 한계를 인식하여 하나님께 겸손하고 간절히 구하는 과정을 동반한다. 결국 위로의 주체는 세상을 만드시고 사람을 가장 잘 이해하시는 창조주여야 한다.

> 그런즉 믿음, 소망, 사랑
> 이 세 가지는 항상 있을 것인데
> 고전 13:13

하나님과 관계 속에서 우리가 그분을 경험하고 누리면서 성장시켜가는 세 가지 은사가 있다. 믿음과 소망과 사랑이다.

내가 책을 쓰는 과정과 설교를 준비하는 여정은 하나님을 만나고 경험하며 배워가는 과정과 맞물려 있다. 첫 책이 《내려놓음》이었고, 그다음이 《더 내려놓음》이었다. 이 두 책은 하나님을 믿으면 그분이 주인 된 삶을 살아야 하는데, 그러기 위해 그동안 자신의 왕 노릇 했던 자아가 십자가에 못 박히는 과정을 통과해야 한다고 설명했다. 우리가 죄와 자아의 집착에 대해 죽어야 함을 나누었다.

이후에 펼쳐지는 삶이 무엇이냐는 질문에 묵상 가운데 나온 책이 《같이 걷기》였다. 우리는 십자가를 통과하면서 제자로서 예수님과 함께 여정을 떠나게 된다. 그러면서 예수님을 경험하고 그분에 대해 배우게 된다. 그 과정 중에 서로의 삶과 감정과 지혜와 능력과 은혜가 나누어진다. 특히《같이 걷기》에서는 예수님과 함께 갈 때 더 크게 누릴 수 있는 친밀감을 말했다. 다시 말하면 사랑의 한 표현으로서의 친밀감을 다루었다.

그다음에 나온《떠남》에서는 그분과 함께하는 과정에서 필요한 믿음을 '신뢰'라는 단어로 표현하여 설명했다.

그런데 하나님과 동행하는 중에도 그분이 더는 보이지 않는 것처럼 느껴지는 순간을 만난다. 우리가 그분을 의식하면서 가지 않았거나, 옆에 계시지만 상황 때문에 계시지 않는 것처럼 느낀다. 사랑해서 결혼했지만 어느 시점에 상대가 정말 신뢰하고 기대할 만한 존재인지 의구심을 품는 순간을 맞닥뜨릴 때처럼.

상대에 대한 신뢰와 기대감이 떨어지면 자연히 친밀감도 적어진다. '정말 그를 사랑한 적이 있었나' 하는 순간이 찾아온다. 그를 만난 게 옳은 선택이었는지 회의가 든다. 관계의 위기가 온 것이다. 자신이 가진 죄의 속성과 어려워진 상황으로 상대에게 불편한 마음이 생기고, 그것이 관계의 어려움으로 드러난다.

햇살 바른 나무아래 2015

○

하나님과 동행하는 중에도
그분이 더는 보이지 않는 것처럼
느껴지는 순간을 만난다.

… 무엇을 기대할 수 있을까

《같이 걷기》와 《떠남》에서 '친밀감'과 '신뢰'를 설명하면서 나는 독자들과 나눌 내용이 거의 마무리되었다고 생각했다. 그런데 인도네시아에서 사는 동안 '기대'라는 단어를 깊이 묵상하게 되었다.

기대는 '소망'의 한 요소다. 믿음과 사랑은 경험을 바탕으로 설교하기가 비교적 쉬웠다. 하지만 소망을 주제로 설교하거나 가르치는 건 매우 막연하고 어렵게 느껴졌다.

소망은 고난의 바다를 항해해본 경험이 없이는 설명하기 어려운 주제이다. 성경의 역사에서 가장 슬프고 어두운 시대가 어쩌면 가장 소망이 빛을 발하는 시기였을 것이다.

시대적, 개인적으로 어두운 상황 가운데 신음을 토해내는 내용이 담긴 욥기, 예레미야, 예레미야애가 그리고 고통을 노래한 시편과 히브리서가 하나님께 소망을 둔다는 게 무엇인지 보여준다.

소망을 노래하려면 절망과 비통과 우울의 어두운 밤 시간을 반드시 거쳐야 한다. 그리고 아침을 맞을 때 비로소 그 아침을 향한 기대를 갖게 된다. 하나님의 공의와 은혜와 도우시는 손길을 향한 소망이 우리를 회복시킨다.

시편 88편은 시편 중에서 가장 어두운 상황을 노래하고 있다. 저자는 극심한 고통과 아픔을 하나님께 토로한다. 자신은 죽은 자같이 되었다고 한다.

> 죽은 자 중에 던져진 바 되었으며
> 죽임을 당하여 무덤에 누운 자 같으니이다
> 시 88:5

나는 몽골을 떠나 다시 선교사로서 인도네시아에 와서 그것과 유사한 체험을 했다. 내 모든 기도가 막힌 것 같고, 하나님이 주신 꿈이라고 믿고 선택한 길에서 계속되는 좌절을 경험하며, 간절히 바라던 소망이 스러지는 듯했다. 그때는 지금까지 알아왔던 하나님과 전혀 다른 하나님을 만나는 순간이었다.

나중에 그 시간이 다 지나고서야 '그 하나님을 경험하지 못했다면 내가 알고 고백하는 하나님은 내 틀 속에 갇힌 제한된 하나님이었을지도 모른다'고 생각하게 되었다.

나는 절망의 골짜기를 통과하면서 비로소 소망이 얼마나 귀한 선물인지 알게 되었다. 그것은 내가 '소망을 가져야지'라고 결단한다고 갖게 되는 게 아니라 하나님의 은혜로 우리에게 주어지는 선물이며, 그 소망 자체가 능력임을 배웠다.

시편 88편에 희망의 한 줄기 빛과 같은 구절이 있다.

> 여호와여 오직 내가 주께 부르짖었사오니
> 아침에 나의 기도가 주의 앞에 이르리이다
>
> 시 88:13

그리고 다시 여호와를 향해 마음을 토로하고 끝난다. 내가 고통 가운데 마음이 산란하여 방황하며 하나님을 찾을 때, 이 한 구절이 내게 소망의 빛을 던져주었다. 부르짖음은 주님만을 기대한다는 걸 몸과 마음으로 표현하는 것이다.

> 여호와 내 구원의 하나님이여
> 내가 주야로 주 앞에서 부르짖었사오니
>
> 시 88:1

우리는 고통스러울 때, 비로소 하나님께 부르짖는다. 편안한 때는 다른 걸 추구하고 의지하며 살아간다. 어려움이 닥쳐야 하나님을 찾게 된다. 그분을 기대한다는 게 무언지 경험하게 된다. 하나님께 부르짖는다는 건 소망을 마음에 두었을 때 가능하다.

너무 힘들어 낙망하고 좌절했을 때는 기도할 의지도 사라진다. 그때 하나님께서 내 부르짖음을 듣고 계심을 마음으로 깨닫는 것만으로도 큰 위로와 힘이 된다.

또 그분께 부르짖는 가운데 우리가 기다리는 대상이 달라진다. 우리가 바라고 기다리는 실체가 '문제 해결'이 아니라 '하나님 자체'임을 배운다. 아침을 기다리는 목적이 달라진다. 내 주변 상황의 변화를 기다리는 게 아니라 내 바람이 달라져 있음을 보게 된다. 내 기도를 타고 올라가 하나님 앞에 다다라서 그분을 체험한다.

우리는 모두 기대를 가지고 이 땅을 살아간다. 그래서 이것이 무너질 때 좌절하고 우울해한다. 어떤 기대를 갖고 사는가가 삶의 자세와 모습과 방향을 결정한다. 때로 우리 안의 세상을 향한 기대와 하나님의 통치를 향한 기대가 충돌하는 경우가 있다. 지혜로운 삶은 하나님의 다스림 가운데 존재하는 영원한 삶을 준비하는 것이다.

성경에는 홍해가 갈라지는 것과 같은 극적인 구원의 순간과 하나님의 초자연적인 개입에 대한 이야기가 가득하다. 그리고 우리가 귀를 열고 찾으면 선교지에서 일어나는 수많은 기적적인 역사하심을 접할 수 있다. 또 우리의 과거에도 하나님께서 놀라운 방식으로 기도에 응답해주신 개인적인 간증들이 있을 것이다.

그러나 일상의 버거운 짐을 지고 사는 현실 속에서 이런 이야기들은 남의 이야기나 지나간 기억으로만 느껴질 수 있다. 오히려 현실의 무거운 부담 가운데 듣는 기적적인 간증들이 괴리감과 자괴감을 줄 수도 있다.

'하나님께서는 이 상황에서 왜 내게 침묵하실까? 과연 이 암울한 현실 속에서 그분께 무엇을 기대할 수 있을까?'

혹시 이 책을 읽는 독자들의 마음 가운데 이런 질문이 있다면 다음의 이야기는 그들을 위한 내용이 될 것이다.

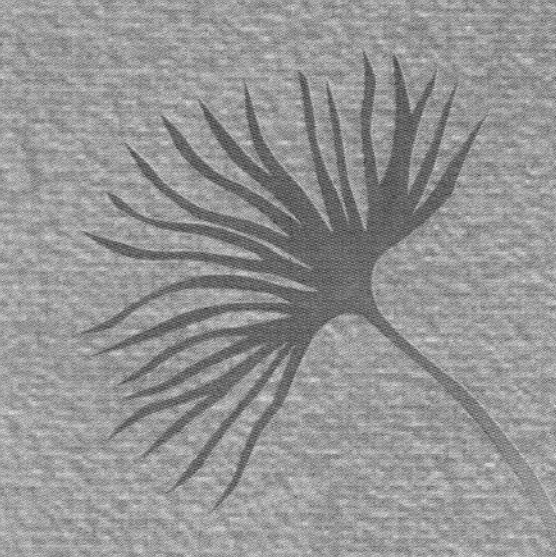

Part 1

인생의 흉년

주님을 향한 갈망으로 채우는 시간

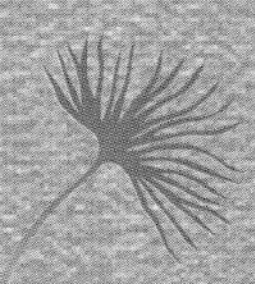

CHAPTER 01

우리의 기대와 하나님의 기대

●

약속
의
땅에서
만나는 기근

예루살렘에 입성하시는 예수님을 보고 예루살렘에 있던 군중은 환호하며 "호산나 다윗의 자손이여"라고 외쳤다. 그들이 예수님을 향해 가졌던 기대였다. 하지만 그건 하나님께서 예수님에게 기대하는 것과 큰 차이가 있었다.

하나님께서는 나를 강권하셔서 몽골에서 나오게 하셨다. 몽골은 내 첫 사역지였고, 그곳의 삶이 배경이 되어 《내려놓음》을 비롯한 세 권의 책이 나왔다. 나와 몽골은 떼려야 뗄 수 없는 관계라고 생각했는데 하나님께서 내게 떠나라는 말씀을 여러 번 주시며 상황을 열어가셨다.

《떠남》을 통해 나누었듯이 나는 믿음으로 순종했다. 그렇게 몽골을 떠나 미국에서 안식년을 보내려고 하기 전에 인도네시아에 잠시 다녀오게 되었고, 그곳에서 사역 요청을 받았다. 그리고 몇 달에 걸친 기도 가운데 하나님께서 여러 차례 확증을 주셔서 그 땅으로 들어가게 되었다.

사실은 몽골 사역이 이 사역을 위한 준비 과정이었다는 말씀을 주셨다. 이 과정에서 창세기 12장의 아브라함을 하란 땅에서 재차 불러내신 하나님의 명령을 깊이 묵상했다.

나는 순종의 결과로 하나님께서 사역의 날개를 달아주실 걸 기대했다. 그러나 내게 모래주머니를 하나씩 안겨주셨다. 인도네시아로 부르심을 받고 나아가는 과정에서 내 기대와 하나님의 기대 사이에 간극이 있었다.

사람들과 관계 훈련도 새로이 받았다. 또한 인도네시아의 독특한 자연과 문화와 제도의 틀 안에서 사는 법을 배웠다. 또 가정적으로는 넷째 아이의 출산을 통해 새로운 관계 훈련을 받아야 했다. 그리고 사역의 지도자이자 지휘자로 여전히 훈련받아야 할 영역들이 산재했다. 그 가운데 내 약점과 못난 모습들이 여지없이 드러났다.

돌아보니 하나님께서 이런 모래주머니들을 달아주신 것은 그분의 사역을 맡을 청기기로서의 내 훈련이 아직 끝나지 않았기 때문인 듯했다. 경기에 임하여 날아오르는 것보다 내 기초 체력을 기르고 훈련을 받는 게 더 중요함을 깨닫게 되었다.

창세기 12장을 다시 읽었다. 하나님의 말씀을 듣고 순종하여 떠난 아브라함이 처음에 경험한 건 '기근'이었다. 복을 주겠다고 약속하신 말씀에 순종하여 약속의 땅으로 간 그에게 허락하신 환경은 생존을 위협하는 어려움이었다. 하나님을 향한 아브라함의 기대가 사라졌다.

아브라함은 이 기근을 피해 삶의 안정을 찾으려고 약속의 땅을 떠나 가나안 땅보다 농업 생산력이 높고 경제적으로 풍요한 애굽으로 내려간다.

믿음으로 새로이 출발하더라도 어떤 사건 때문에 하나님에 대한 기대가 사라졌을 때, 우리는 자신을 보호하려고 소극적

이고 이기적인 선택을 하게 된다. 그리고 이 과정 중에 옛 자아의 연약한 모습이 드러난다.

그 땅에 기근이 들었으므로 아브람이 애굽에 거류하려고
그리로 내려갔으니 이는 그 땅에 기근이 심하였음이라
그가 애굽에 가까이 이르렀을 때에 그의 아내 사래에게 말하되
내가 알기에 그대는 아리따운 여인이라
애굽 사람이 그대를 볼 때에 이르기를 이는 그의 아내라 하여
나는 죽이고 그대는 살리리니
원하건대 그대는 나의 누이라 하라
그러면 내가 그대로 말미암아 안전하고
내 목숨이 그대로 말미암아 보존되리라 하니라
아브람이 애굽에 이르렀을 때에 애굽 사람들이
그 여인이 심히 아리따움을 보았고
바로의 고관들도 그를 보고 바로 앞에서 칭찬하므로
그 여인을 바로의 궁으로 이끌어들인지라
이에 바로가 그로 말미암아 아브람을 후대하므로
아브람이 양과 소와 노비와 암수 나귀와 낙타를 얻었더라

창 12:10-16

아브라함은 아름다운 아내 때문에 현지인들에게 해를 당할 게 두려워 그녀를 자신의 누이라고 속인다. 그러나 믿음 없는 결정의 결과는 비참했다. 애굽의 바로에게 아내를 빼앗길 위기에 처하고 만 것이다. 아브라함의 책략은 한계에 도달했고, 더는 그가 할 수 있는 일이 없었다.

위기 상황에 하나님께서 일하심이 잘 보인다. 신실하신 하나님께서 그분 외에는 달리 의지할 게 없는 백성에게 피할 길과 선물을 주셨다. 하나님의 개입하심으로 애굽의 바로는 그에게 많은 예물까지 선사하며 그를 돌려보낸다.

그는 다시 자신이 살아가야 할 땅으로 돌아오게 되었다. 가나안을 떠날 때는 빈손이었는데 돌아올 때는 그 땅에서 사는데 필요한 자산이 손에 들려 있었다. 그는 기근을 통해 자신의 약함과 하나님의 신실하심을 동시에 경험할 수 있었다.

기근은 신앙인의 삶 가운데 반복적으로 찾아온다. 다시 기근이 왔을 때, 아브라함은 애굽까지 가지는 않았지만 가나안과 애굽의 경계 지역인 그랄까지 간다. 아무래도 물이 부족한 가나안보다는 애굽에 가까운 지역이 안정감을 주었기 때문일 것이다. 그러나 그곳에서도 비슷한 일을 경험하고 만다.

결국 하나님 외에 다른 것에서 안정감을 찾으면 같은 실수를 반복하게 된다. 그러나 이 과정에서 하나님에 대한 아브라함의 이해는 자라갔다. 언약으로 주어진 외아들을 하나님께 내어드리는 선택을 하기까지 그의 신앙이 성장하게 된다.

아브라함이 죽고, 아들 이삭이 가족을 책임지게 되자 가나안 정착 초기와 같은 기근이 들었다. 이삭도 그랄로 내려갔고, 그의 아버지와 비슷한 경험을 하게 된다. 이 과정에서 그의 약함이 드러났고, 하나님의 도우심을 누릴 수 있었다. 이 경험을 했기에 그는 블레셋 사람들이 시기해서 그의 우물을 놓고 다툴 때도 평안히 다른 곳으로 옮겨 갈 수 있었다.

기근은 신앙 안에서 새로이 길을 떠난 사람들이 하나님과 직접적인 관계를 맺을 때 공통적으로 경험하는 첫 단계라고 할 수 있다.

●

두드려도
열리지
않는 듯한
순간

몽골에서 사역할 때, 죽음을 목전에 두는 위기의 순간이 여러 번 있었다. 그때마다 하나님의 개입하심을 경험했다. 한번은 러시아에서 한 마약중독자가 우리에게 권총을 겨누는 순간도 있었다. 나는 그를 향해 침착하게 대응했다. 스스로도 놀랄 정도로 죽음을 두려워하지 않는 나를 볼 수 있었다.

나는 잘 기억하지 못하는데 몇 년이 지난 후에 그 자리에 함께 계셨던 박수웅 장로님이 당시를 회상하면서 말씀하신 게 기억이 난다. 사태가 정리되고 나서 내가 대표로 이렇게 기도를 시작했다고 전해주셨다.

"하나님, 이 러시아 땅이 많이 아픕니다."

위협을 받아 겁에 질려 있던 상황에서 일반적으로 예상하기 어려운 기도 내용이어서 오래 기억에 남았다고 하셨다. 그때 성령께서 나를 붙들고 계셔서 담대히 하나님의 마음을 찾을 수 있도록 인도해주셨던 것 같다. 그런 경험을 통해 나는 성령님이 함께하시면 죽음의 위협도 우리를 두렵게 하지 못함을 깨달았다.

그러나 죽음의 두려움에 대한 시험을 통과했다고 해도 한순간에 소망과 신뢰를 잃어버리면 작은 위협과 두려움에도 마음이 흔들리고 위축되는 걸 본다. 설령 죽음에 대한 공포를 이길 수 있더라도 하나님께 내어드리지 않은 작은 영역 때문에 마음이 흔들리고 낙담할 수 있다.

나 또한 인도네시아에서 사역을 새로이 시작하면서 그 사실을 깊이 절감했다. 나는 믿은 대로 이루어지는 하나님의 역사를 이미 많이 체험했기에 적어도 그분에 대한 신뢰만큼은 확고하다는 자신이 있었다. 그런데 처음의 기대와 달리 전개되는 상황에 당혹하며, 거듭 몰려오는 파도에 허우적대기 시작했다.

격랑 속에서 신뢰가 흔들리자 점점 자신이 없어지고, 기대가 희미해졌다. 그때는 기도의 능력을 신뢰하기 어려웠고, 기도할 의욕도 상실하기에 이르렀다.

예수님은 우리에게 "두드리라, 구하라 그리고 찾으라"라고 명령하신다. 참으로 단순명료하다. 그러면 문이 열리고, 받을 것이고, 찾게 될 거라고 말씀하신다.

그런데 우리가 신앙생활에서 연륜이 어느 정도 생기면 이처럼 단순명료해지기가 쉽지 않다. 내가 원하고 또 하나님께서 기뻐하실 거라고 생각한 것을 절실히 구했지만 바라는 대로 되지 않았을 때 큰 당혹감에 빠진다.

인도네시아의 어느 외진 지역에서 한 선교사님과 교제하게 되었다. 그 분은 선교사들이 들어가기 어려워하는 모슬렘 마을에 가서 사업과 사역을 병행하며 고군분투하고 계셨다. 그런데 선교사님의 십 대 후반인 맏아들이 백혈병에 걸려 한국의 병원에서 투병을 했다.

나는 그 아이가 무조건 살아야 한다고 생각했다. 복음의 최전선에서 온갖 위협에 노출된 외로운 선교사 가정의 자녀가 아픈 것이다. 내가 고백하는 하나님은 우리의 아픔을 돌아보시는 의리의 하나님이셨다.

그래서 나는 무조건 아이를 살려달라고 기도했다. 그것이 하나님이 원하시는 기도라고 생각했다. 그리고 그 선교사님에게 메시지를 보냈다.

"아이를 통해 가정을 다시 강건하게 회복하시려는 하나님의 선하신 계획이 있을 테니 소망을 잃지 말고 같이 기도해요."

아이에게 어려운 고비가 여러 번 있을 때마다 나는 계속해서 소망을 잃지 말고 하나님께 구하자고 권면했다. 그러나 수개월의 투병 끝에 아이는 하늘나라로 갔다.

물론 내 기도가 하나님과의 깊이 있는 대면 가운데 인도하심을 받은 기도는 아니었다. 하나님께서는 내 기대에 기초한 기도가 그분의 뜻과 다름을 결과를 통해 알려주셨다.

2016년 3월, 기독교육학회에 참석하러 갔다가 우연히 알게 된 한 선교사님 댁에서 며칠을 묵었다. 사모님은 선교지로 가신 지 3년쯤 지난 시점에 우울증으로 자살을 했다고 한다. 그리고 선교사님은 파킨슨병을 앓고 있었다.

그 선교사님을 위로하라고 하나님께서 나를 그곳에 보내신 것 같았다. 하지만 내가 할 수 있는 건 잠시 함께 있으며 기도해주는 것밖에 없었다.

예수님은 구하면 주실 거라고 내게 약속하셨고, 어떤 경우에는 그 약속이 성취되는 걸 볼 수 있었지만 늘 그랬던 건 아니다. 물론 자신의 의로 옳다고 생각하는 걸 투영하여 하나님께 떼를 쓴다고 역사가 일어나는 건 아니다.

선한 일이라 생각하여 간절히 구했지만 이루어지지 않는 걸 여러 번 경험하면, 우리는 실망하거나 당황하지 않으려고 미리 몸을 사리게 된다. 예수님이 우리에게 주시는 명령을 다양한 상황에 따라 다르게 이해하고 적용해야 한다고 생각하게 된다.

여러 날 동안 해도 별도 보이지 아니하고

큰 풍랑이 그대로 있으매

구원의 여망마저 없어졌더라

행 27:20

그저 말씀하신 대로 구하고 두드리기보다는, 결과를 예단하고 그에 맞춰 구하기를 지체하거나 포기한다. 그런 과정을 거치며 하나님에 대한 우리 안의 기대마저 스러지게 된다. 풍랑을 바라보면서 우리의 초점이 하나님에게서 멀어지는 것이다.

○
예수님은 우리에게
“두드리라, 구하라 그리고 찾으라”고
명령하신다

Touch the Sky 2015

●

사역
의
난관들

약속의 땅에서 기근을 만났던 아브라함처럼 나도 약속으로 부르신 인도네시아 땅에서 다양한 어려움을 겪으며 하나님에 대한 기대를 잃어갔다.

나는 족장 아브라함과 이삭과 같이 새로운 땅에서 한 공동체를 이끌어야 하는 책임을 맡았다. 일차적으로는 네 명의 자녀들을 돌봐야 할 책임이 있었고, 나와 뜻을 같이하여 인도네시아로 헌신해 들어온 첫 네 가정이 있었다.

그 후 수가 계속 늘어갔고, 그들을 잘 섬기고 함께 협력해서 대학교를 설립해야 한다는 중요하고 무거운 과제가 내 어깨를 짓눌렀다. 내 걸음과 결정이 많은 사람의 사역과 삶에 영향을 미칠 것이기 때문이었다. 이 사역자들은 월급을 바라고 온 사람들이 아니었다. 그들 스스로 외부에 후원을 요청해서 선교사로 온 그룹이었다.

하지만 목회 안수를 받지 않은 성도로 사역지에 헌신해서 왔기에 제대로 후원을 받지 못해 재정적인 어려움이 많았다. 그래서 나는 그들의 경제적인 필요를 돌봐주어야 한다는 마음의 부담이 있었다.

또한 한국교회의 많은 이들이 내 사역을 기대하며 주목하고 있음을 종종 느꼈다. 그래서 앞으로 선교지에서 펼쳐질 교육사역의 모델을 제시해야 한다는 부담도 생겼다. 이런 부분들이 내 마음에 필요 이상의 중압감으로 몰려오곤 했다.

나는 인도네시아에 대학설립을 준비 중인 자카르타연합교회와의 협력 사역에 초청을 받았다. 기도 가운데 부르심이 있음을 확인했기에 평안한 마음으로 인도네시아에 왔다.

그러나 오자마자 그 전달에 교육부가 향후 2년간은 대학설립 허가신청을 받지 않겠다고 지급유예(모라토리엄, moratorium)를 선언했음을 알게 되었다.

고등교육법이 국회에서 통과됨과 동시에 그동안 정부의 각 기관 산하에 나뉘어서 관리되던 대학들이 모두 교육부 산하로 통폐합되었고, 그 심사 과정에 막대한 시간과 재정이 소요되기에 나온 조처였다. 예를 들어 종교부 산하에 있던 신학교라든가 관광부 산하의 관광대학 등도 교육부 산하로 통합운영되는 것이다.

그 후 1년이 지날 무렵, 교육부의 기존 학교 심사 과정이 예상보다 더 많은 시간과 경비가 소요되어 한없이 지연되고 있음을 알게 되었다. 추가로 2년이 더 걸려도 이 작업이 마무리될 수 있을지 의구심이 드는 상황이었다.

한인교회와 관계 설정과 협력 모델을 만들어가는 것도 새로운 도전이었다. 그간 연합 사역에 경험이 없고, 구체적으로 교육 선교에 경험이 없던 한인교회의 리더들을 이해시키며 문제를 풀어가는 데 시간이 많이 필요함을 깨달았다.

교회 사역과 학교 재단 사역이 분리되어야 하며, 이것이 학교와 교회를 보호하는 방법임을 설득하는 과정이 필요했다. 교회가 학교를 돕는 통로는 넓히되, 통제하거나 조종하면 사역과 관계에 어려움이 있음을 설명하고 이해를 기다려야만 했다.

인도네시아는 몽골보다 훨씬 더 오래 기다려야 하는 사회적 구조를 가지고 있었다. 열대 지역이라 무척 느린 시간대를 살아가는 곳이었다.

대통령 선거 때도 선거 후 3주가 지나서야 당선자 발표를 했다. 은행에서 회사 계좌를 개설할 때도 서류 검토만 5일이 걸리고, 2주가 지나도 개설이 되지 않았다. 비자 갱신은 3개월이 걸리기도 한다.

보통 대기업도 필요한 모든 서류를 완비해도 건축 허가를 받으려면 2년 이상 기다려야 하는 경우가 많다고 한다. 또 공직자의 부패가 심해서 허가권을 쥔 담당 공무원이 자신이 원하는 걸 얻기까지 상대방을 진이 빠지도록 기다리게 한다.

더욱이 행정 당국은 네덜란드의 오랜 식민 지배의 영향으로 외국인에 대한 불신도가 높아서 외국인의 법적, 경제적 활동에 많은 통제와 규제의 장벽을 만들어 놓았다.

문화와 환경에 익숙하지 않고, 내부 네트워크가 없는 외국인으로서 무에서 유를 창조하는 게 불가능해 보였다. 더욱이 급행료를 지불하지 않으면 움직이지 않는 공무원들의 복지부동(伏地不動)도 어려운 숙제였다.

어디까지가 관습적으로 허용되는 급행료이고 어디까지가 뇌물인지 경계가 모호했다. 물론 법은 지켜야 하지만 규제를 다 지키기 위해서는 시간과 물질의 많은 손해를 감수해야 하는 상황이었다.

인내
의
시간 속에서

어느 나라에서든 대규모 사역을 처음 시작하려면 난제가 많겠지만 인도네시아는 여러 면에서 그간 내게 익숙한 지역들보다 사역 환경이 복잡하고 힘들었다. 일단 외국인에게 장벽이 높아서 비자 발급 절차가 매우 복잡하고, 시간과 재정이 많이 들었다.

또 외국인 중심으로 재단(財團)을 세울 수가 없어서 현지인 명의가 필요했다. 또 대학교의 경우에 외국인 교수를 임용하는 게 매우 어렵고, 학과당 필요한 여섯 명의 교수를 모두 현지인으로 세워야 했다.

사실 내가 가진 가장 큰 자원은 해외 네트워크를 통해 사역에 자원하려는 젊은이들이었다. 이들 선교 자원들이 와서 사역할 수 없다면 하나님께서 내게 사역의 도구로 주신 것 중 가장 중요한 장점을 활용할 수 없게 된다.

몽골국제대학교의 경우에 내가 몽골을 떠날 때까지 함께했던 사역자들이 70여 명에 이르렀다. 이들이 같이 사역을 해주어서 저비용으로 교육과 양육을 감당할 수 있었고, 그들의 헌신이 학교를 세우는 데 중요한 자원이 되었다.

그런데 인도네시아인 가운데 기독교인이면서 영어로 첨단 분야를 강의하는 사람들을 찾는 건 매우 어려웠다. 그래서 교수 요원 후보를 찾아 훈련시키고 키우기 위해서는 오랜 시간 동안 투자하고 준비해야 했다.

이슬람권이라는 장벽도 있었다. 기독교적인 가치를 토대로 학교를 운영하려면 주민들의 동의가 필요했다. 그들 가운데 과격한 사람들의 선동이 있을 경우에 학교가 위태로울 수 있고, 만약 분쟁이 발생하면 외국인에게 절대적으로 불리하게 작용할 것이기 때문이었다.

더욱이 이곳에서의 사역은 다른 개발도상국에서의 사역보다 큰 재정 규모로 시작해야 했다. 그러나 사역 초기에 내게는 사역을 일으키는 데 필요한 재정도, 후원을 약속해준 사람도 없었다. 몽골을 떠날 때 하나님께서 마음을 주셔서 그나마 모아놓은 재정도 다 나누고 떠나왔다.

감사하게도 협력 관계에 있는 자카르타연합교회에서 5헥타르의 땅과 그간 모인 교육 사역을 위한 재정을 기증해주었다. 그리고 사무실과 차량 지원 등의 후원으로 사역 초기의 기틀을 세워갈 수 있었다. 하지만 캠퍼스 조성을 위해 건물을 짓고, 허가 작업을 진행하고, 사람을 모으고, 비자 문제를 해결하는 데 막대한 재정이 필요했다.

재정적인 능력이 있거나 확실한 후원 그룹이 있어도 숱한 허가의 장벽을 뚫는 게 쉽지 않겠지만 가진 게 없는 내게는 모든 게 불가능해 보였다. 스스로 해낼 수 없는 일이기에 그저 하나님의 공급하심만을 구하며 구체적인 기약 없이 기다릴 수밖에 없었다.

바람의 노래 2015

○

'그래, 아브라함에게 기근이 우연히
주어진 게 아니라 하나님의 예비된 계획이라면
내게 주어진 이 기근도 우연이 아닐 거야.'

하나님께서 일하시기를 구하며 준비하는 동안, 나는 첩첩산중에서 길을 잃은 어린아이 같은 심정이었다. 믿음으로 평강 가운데 걸어가다가도 앞에 놓인 장애물이 보이면 사역이 실패할지 모른다는 두려움이 몰려왔다.

> 주께서 유다를 온전히 버리시나이까
> 주의 심령이 시온을 싫어하시나이까
> 어찌하여 우리를 치시고 치료하지 아니하시나이까
> 우리가 평강을 바라도 좋은 것이 없고
> 치료 받기를 기다리나 두려움만 보나이다
>
> 렘 14:19

인도네시아에서 내게 맡겨진 책임은 몽골에서와는 달랐다. 새로운 땅에서 내 역할은 교육 비즈니스를 담당하는 CEO에 가까웠다. 일터의 현장에서 하나님을 만나고 경험하며 삶의 현장에서 치열한 영적 싸움을 하도록 부르심을 받은 것이다.

이를 통해 인도네시아의 사업 현장에서 고군분투하는 많은 교민들의 애환을 몸으로 느끼고 체휼할 수 있었다. 그러나 한편으론 내게 익숙한 강의와 긍휼 사역이나 교육 사역과는 다른 책임을 맡으면서 몸에 맞지 않는 옷을 입고 경기에 임하는 것 같은 느낌을 지울 수가 없었다.

또 나를 믿고 함께하는 사역자들을 볼 때, 실패하면 그들에게 큰 실망을 안겨줄지 모른다는 생각이 들었다. 그것이 나를 두렵게 했고, 그로 인해 나는 더 위축되었다. 또한 허가와 관련해서 공무원들을 만날 때면 그들의 손에 사역의 성패가 달렸다는 생각에 더 움츠러들었다.

하나님의 인도하심으로 이곳에 왔음을 고백하면서도 불편함과 어려움이 닥칠 때마다 재차 묻게 되었다. 물론 이 땅을 밟으며 화려한 사역을 기대하지는 않았다. 어려움이 기다리고 있을 것을 각오했다. 그러나 사역의 짐은 예상보다 훨씬 컸고, 다양한 방해와 장벽에 맞서 인내하며 기다릴 수밖에 없게 되자 나는 낙담했다.

때로는 사명조차 버거워 짐처럼 느껴지고, 우울이 먹구름처럼 나를 덮곤 했다. 그동안 경험하지 못한 새로운 영역의 훈련이었다. 현실의 벽 앞에서 기도하던 중에 이런 생각이 들었다.

'그래, 아브라함에게 기근이 우연히 주어진 게 아니라 하나님의 예비된 계획이라면 내게 주어진 이 기근도 우연이 아닐 거야.'

남의 문제나 과거의 문제가 갖는 영적 의미는 훨씬 쉽게 파악할 수 있다. 하지만 자신의 문제나 현재 닥쳐온 문제를 영적으로 이해하는 데는 훨씬 깊은 영적 수읽기가 필요하다.

CHAPTER 2

고통 속에 부으신 은혜

하나님
의
도우시는 손

2012년 12월, 인도네시아에 온 지 4개월 만에 한국에 가서 췌장 수술을 받게 되었다. 수술과 회복의 과정은 내게 주어진 기근의 시간을 압축적으로 설명해준다. 이 일로 나는 '하나님의 돌보심'이 어떤 의미인지 깊이 묵상하게 되었다.

2011년에 한국의 종합병원에서 건강검진을 받다가 췌장에서 혹이 발견되었다. 췌장은 장기 뒤쪽에 숨어 있어서 병변이 발견되기도, 수술하기도 어려운 부위다. 인도네시아에 오기 전에 받았던 조직검사 결과, 수술하지 않으면 나중에 암으로 발전될 가능성이 있는 종양으로 판명되었다. 검진한 종합병원에서는 췌장의 3분의 2와 비장을 제거하는 수술을 해야 한다고 했다.

'인도네시아처럼 덥고 열대 풍토병이 많은 선교지에서 사역하려면 건강해야 하는데 장기를 절제하면 몸에 이상이 오지 않을까?'

마침 중보기도 사역자 한 분과 기도할 시간이 있었는데 하나님의 손길이 함께하실 거라는 그 분의 기도가 마음에 닿았다. 나는 그 '하나님의 손길'이 무엇을 의미하는지 알고 싶어졌다.

그리고 검진한 의사보다는 선교지에 나가는 내 상황을 좀 더 이해할 수 있는 분이 수술을 해주면 좋겠다는 생각이 들었다. 몽골에서 몇 년간 의료 선교사로 섬겼던 박관태 선생님이 생각났다. 탁월한 외과의사로 잘 알려져 있었고, 당시 한 대학병원의 외과 과장으로 근무하고 있었다.

박 선생님은 일반적으로 제시하는 방법인 절제보다는 혹 부위만 제거하는 걸 놓고 기도해보겠다고 했다. 수술 과정에서 췌장관이 손상될 경우 췌장액이 새어 나올 위험이 있어 의사에게는 더 까다롭고 어려운 모험이지만 내 사역을 생각해 수술 부위를 최소화하려는 배려였다.

대화를 나눈 후 박 선생님이 몽골에서 의료 사역을 통해 만난 하나님에 대한 간증이 담긴 책을 내게 주었다. 그런데 그 책의 부제가 '나를 이끄시는 하나님의 손'이었다. 하나님께서 내게 '자, 이제 봤니?'라고 물으시는 것 같아 나는 깜짝 놀랐다. 이것이 하나님의 인도하심이라는 확신이 들었다.

꼭 초자연적인 방법으로 병이 나아야 그분의 선하신 인도하심을 받는 건 아니다. 때로 하나님께서는 어둡고 고통스러운 시간 가운데로 나를 인도하신다. 그리고 그 길을 통해서 그분의 손길을 경험하게 하신다.

2010년 겨울, 샌디에이고에서 열리는 청년 선교 집회에 말씀을 전하러 갔었다. 그때 다른 강사들과 함께하는 자리에서 앞으로 내 사역의 방향을 결정하는 일을 위해 기도를 요청했다. 그중에 김하중 장로님(전 주중대사, 《하나님의 대사》의 저자)이 계셨는데 나를 위해 기도하겠다고 하면서 호텔 방으로 들어가셨다.

그날 밤, 기도를 마치신 장로님을 호텔 방 앞에서 만나 앞으로 내가 부르심을 받을 인도네시아에 대한 이야기를 잠시 나누었다. 그때 내 건강이 어떤지를 물어보셨다. 나는 췌장의 혹 문제가 생각났다.

장로님은 내게 기도편지를 주시며 하나님께서 '건강에 문제가 있을 것이니, 몸을 보호하고 잘 챙기라'고 말씀하셨다고 전해주셨다. 그때 나는 속으로 좀 의아했다.

'하나님께서는 우리의 건강을 지킬 능력이 있으시고, 또 우리가 건강하길 원하실 텐데 왜 건강하게 해주시지 않고 건강을 잘 지키라고 말씀하실까? 예수님이 독을 마셔도 해를 받지 않을 거라고 하신 말씀(막 16:18)은 어떤 의미일까? 선교지에서 하나님의 일을 하면서 왜 건강 문제로 힘든 상황을 계속 만나는 것일까?'

●

제게
무엇을
원하시나요

박관태 선생님은 2013년 봄에 다시 선교지로 돌아갈 준비를 하고 있었다. 그래서 2012년 12월 중순에 수술 일정을 잡을 수 있었다. 공교롭게도 인도네시아에서 머물며 쓴 《떠남》이 수술받는 날짜에 출간되었다.

하얀 색 책 표지에 '떠남'이라는 제목을 보면서, 수술 사실을 아는 지인들은 마치 영원한 작별을 앞둔 것 같은 느낌을 받았다고 전했다. 또 한 교단신문에서 췌장 종양 수술을 '췌장암' 수술로 잘못 전달하는 바람에 많은 분들이 걱정을 하셨다(췌장암이 치사율이 높고 완치가 어려운 병이다 보니 그런 것 같았다).

수술을 받기 위해 마지막 검사를 했을 때 췌장의 혹이 다소

커져서 췌장관에 가까이 닿아 있음을 알게 되었다. 혹만 제거하기에는 더 어려운 상황이었다. 나는 어떤 상황이 전개되든지 하나님께서 의사의 손을 통해 내 장기의 깊숙한 곳을 만져 주실 걸 신뢰하겠다고 고백했다.

'이 고통과 위기의 시간이 낭비되지 않고, 하나님의 영광을 위해 사용되게 해주세요'

사실 당시는 수술에 대한 두려움보다는 하나님과 더 깊이 만날 것에 대한 기대가 있었다. 내게 필요한 일이기에 하나님께서 허락하셨음을 믿었기에 모든 과정을 평안히 누리는 게 믿음이라고 생각했다. 그리고 오랜만에 책임감의 부담에서 벗어나 그분에게만 순전히 집중하며 깊이 교제하기를 소망하며 수술실로 들어갔다.

수술은 성공적이었다. 최고의 의사가 최선을 다해 수술했다. 박 선생님은 평소와 달리 여러 날 동안 새벽예배에 나가 수술을 위해 기도했다고 말했다. 나는 '정말 하나님의 손이 함께 하셨구나'라고 고백할 수 있었다.

그런데 회복이 기대보다는 순조롭지 않았다. 원인 모를 고열이 찾아왔다. 한동안 열이 잡히지 않아서 고통스러운 시간을 보내야 했다. 회복 중 금식을 하면서 폐렴이 찾아왔다. 두세 시간밖에 걸리지 않은 수술 후에 폐렴이 오고, 그것도 위쪽에 오는 건 보기 드문 경우라고 했다.

몸에 여러 관을 꽂은 상태로 밤마다 고열과 싸우며 머릿속에 한 가지 질문이 떠올랐다.

'하나님의 손이 함께하시는데 왜 이리 고통스러운 걸까?'

당시에는 고통의 시간을 이기고자 의지적으로 내면에 소망을 불어넣기 위해 잠시라도 이 불편한 질문을 외면하고 싶었다.

5일간의 금식 후에 식사를 할 수 있었고, 몸에 꽂아둔 관을 빼지는 못했지만 입원 후 열흘 만에 퇴원하게 되었다. 당시 나는 회복 후에 몇몇 교회와 단체에서 말씀을 전하기로 약속해 놓은 상태였다.

퇴원 다음 날인 12월 31일에도 한 교회의 송구영신 예배에 집회 약속이 있었다. 몸에 붙어 있는 관을 잘 고정시키고 양복을 입고는 의자에 비스듬히 기대서 말씀을 전했다. 그 시간만큼은 하나님께서 내 몸을 보호해주시기를 기대하며 설교했다. 그러나 내 기대와는 달리 그날 밤에 고열과 심한 복통을 겪었다.

이튿날인 새해 첫날 아침, 나는 응급실로 향했다. 수술 후의 열처리 과정에서 손상을 입은 췌장관에 균열이 생겨 췌장액이 샌다는 검사 결과가 나왔다. 두 곳에서 새기 시작해서 온 장기에 퍼졌다고 했다. 강한 산성의 췌장액이 장기를 녹이고 손상을 입히며 염증을 유발해 고열과 복통이 났던 것이었다.

나의 재입원으로, 나를 수술했던 의료진은 매우 당황했다. 보통 췌장액이 새는 경우는 수술 직후에 발생한다고 했다. 수술 후 여러 날이 지나서 새는 예를 처음 접했으며 들어본 적도 없다고 했다. 안전하다고 확신한 때에 문제가 생겼다.

박관태 선생님은 많은 경험과 탁월한 수술 실력을 가진 외과 전문의였지만 그 상황에 당황한 나머지 재수술을 진지하게 고려했다. 위급한 상황인 만큼 급히 개복하여 췌장을 절제하는 게 당시로서는 유일한 대안처럼 보였다고 한다.

1차 수술 후에 장 유착이 시작되기에 재수술은 훨씬 큰 수술이 될 가능성이 높았다. 그러나 때를 놓치면 수술할 기회마저 잃게 된다고 했다. 당시 박 선생님은 배려 차원에서 내게 자세한 상황을 말하지 않았다.

1년 뒤 어느 TV 프로그램에서 간증을 할 때 당시 상황을 설명하면서 내가 평생 췌장에 관을 꽂고 살아야 할 가능성을 염려했다고 말했다.

당시 그만큼 어려운 상황이었고, 의료진의 표정에서 그 심각성을 약간이나마 눈치챌 수 있었다. 나는 앞으로 어떤 일이 벌어질지 알지 못하는 상황에서 그간 유지하고 있던 평안을 잃어버릴 것만 같았다.

'당신의 손이 저와 함께하신다는 말씀이 진짜인가요? 아니면

제가 잘못 유추한 건가요? 이 상황에서 제게 무엇을 원하시나요? 결국 췌장 절제가 주님이 예비하신 인도하심인가요?'

내 안에 여러 질문이 스치고 지나갔다.

당시 박 선생님을 도와 함께 수술했던 정철웅 선생님이 믿음을 갖고 기다려보자고 했다고 한다. 손상된 췌장관이 자연치유될 가능성은 50퍼센트 미만이지만 기대하며 기다려보자고 제안한 것이다. 수술을 하지 않고 기다릴 경우에 자연적으로 췌장관이 아물 확률은 크지 않았다. 췌장액이 상처를 계속 녹여서 아무는 걸 방해할 수 있기 때문이었다.

그럼에도 불구하고 결국 의료진은 기도 가운데 믿음을 갖고 기다려보는 쪽을 택했고, 나도 그 의견을 따랐다. 결과를 장담하지 못하는 상황에서 아무것도 하지 않고 몇 주를 기다리는 일은 의사 입장에서 무척 어려운 결정이었다.

당시 의료진이 할 수 있는 건 하나님의 치유의 손길을 기다리는 것뿐이었다. 나도 고통을 이기고 금식하는 것 외에 할 수 있는 게 아무것도 없었다.

돌아보건대 이 시간은 하나님께서 내게 무언가를 말씀하시려고 예비하신 시간이었다. 또 의료팀에게 간섭하시고 치유의 주인이 하나님이심을 가르치시는 시간이었음을 그들도 나중에 고백했다.

특히 박관태 선생님은 몽골에 다시 선교사로 가는 부르심을 놓고 기도하며 많은 어려운 고비를 맞고 있었다. 큰 지진이 있었던 아이티에서 심장병 수술을 받기 위해 온 아이들 중 한 명이 수술 후 사망하는 일이 발생했다. 그 아이를 추천해서 데려온 아이티의 한국 선교사님이 현지에서 큰 어려움을 당할 수 있는 상황이었다. 또한 어머니의 췌장암이 발견되기도 했다. 여러 가지로 의사로서도 어쩔 수 없는 상황으로 몰리게 되었다.

당시 하나님께서 나와 의사 선생님에게서 받기 원하시는 항복 선언이 있으셨던 것 같다.

●

인내를 이루라

그동안 삶의 많은 부분에서 하나님께서 나보다 먼저 일해주셨다. 때로는 시간에 쫓기는 가운데 집회나 사역을 해야 할 경우에 날씨, 길 찾기, 주차에 이르기까지 그분이 예비해주시는 다양한 은혜를 만나곤 했다. 내가 기도하기에 앞서 내 필요를 미리 알고 준비해주시는 하나님을 고백하는 것이 내 일상이었다.

그런데 수술만큼은 그간의 인도하심과 좀 다른 것 같았다. 계속 풀릴 듯하다가 더 꼬이면서 완전히 꽉 막힌 듯한 상황으로 내몰리는 느낌이었다.

병상에 있는 동안 병문안을 오는 분들 중에 내게 기도 요청을 하는 분들이 있었다. 내 상황도 혼자 극복할 수 없는 처지인데 다른 사람들을 위해 기도한다는 게 참 아이러니했다. 그런데 돌아보니 그때 기도한 분들의 기도는 다 응답된 듯했고, 오직 나를 위한 기도만 응답되지 않는 것처럼 느껴졌다.

재입원한 후에는 처음보다 더 긴 시간 금식을 해야 했다. 열흘이 넘자 속 쓰림과 구토와 울렁증으로 힘들었다. 그 와중에 위와 장에 내시경 시술을 받거나 수시로 췌장관 검사를 받아야 했다.

회복될 거라는 기대 없이 감내해야 하는, 쉽지 않은 기다림의 시간이었다. 건강의 어려움과 생사의 갈림길 가운데서 낙담과 우울이 쉽게 찾아왔다.

실은 몽골에서 여러 번 죽음을 접하고, 또 생명의 위기를 몇 번 넘기면서 죽음의 문제는 정리되었다고 생각했다. 하지만 다양한 통증으로 몸과 마음이 지치자, 나는 마음의 평안을 잃어버렸다.

결국 '하나님의 예비하신 손길'이란 내가 원하는 방식으로 병이 낫고, 내가 원하는 속도로 몸이 회복되는 걸 의미하지 않음을 다시 인정해야 했다.

하나님께서 잠시 일하기를 멈추신 것 같아 보였다. 왜 내가 예상보다 훨씬 오랜 시간을 고통 가운데 있어야 하는지 바로 가르쳐주시지 않았다. 하지만 내게 '인내를 이루라'고 도전하고 계심을 확실히 알 수 있었다.

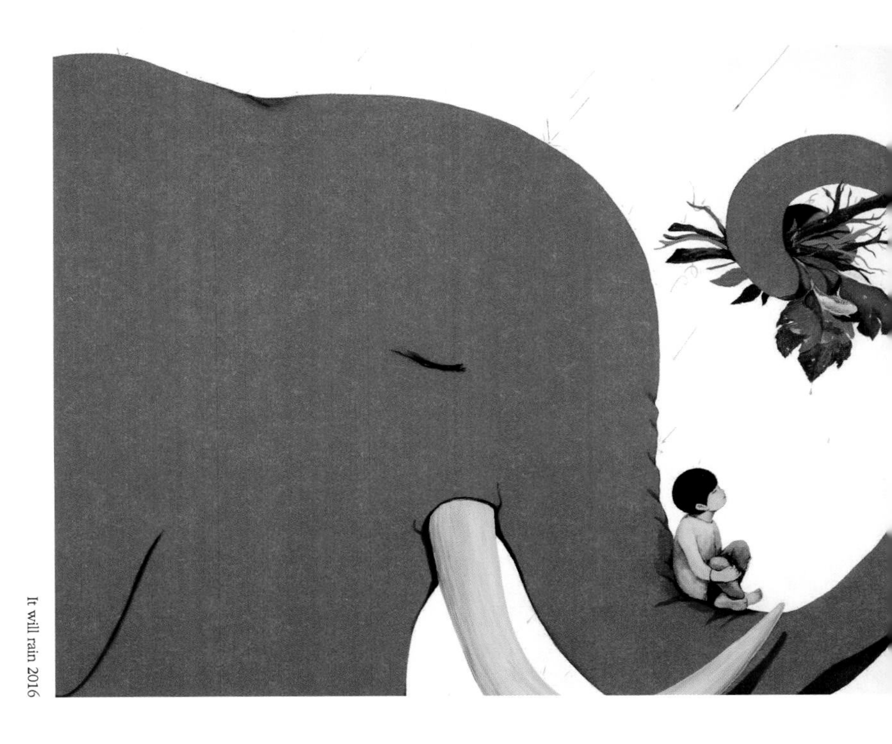

It will rain 2016

○

내가 기도하기에 앞서 내 필요를
미리 알고 준비해주시는
하나님을 고백하는 것이 내 일상이었다.

솔직한
기도

나는 인도네시아로 돌아가는 일정을 무기한 연기하고, 병원비 걱정도 끊고, 그저 평안한 마음으로 입원 생활을 하며 하나님께서 허락하신 모든 걸 있는 그대로 받아내자고 마음을 다잡았다.

하지만 내가 원하는 결과를 위해 솔직하게 기도하지는 못했다. 그저 하나님께서 원하시는 게 내게 온전히 이루어지기만을 구했다.

그러나 시간이 지날수록 나는 평안을 잃어갔다. 그러던 어느 날, 시편에 나오는 다윗의 살려달라는 간청을 읽으며 처음으로 그 말씀이 내재화되며 눈물이 터져 나왔다. 하나님께서 내 마음 깊숙한 곳의 원함이 무엇인지 솔직하게 구하기를 원하심을 깨달았다.

한편 아내에게는 내게 하신 것과는 다른 요구를 하셨던 것 같다. 인도네시아에 남아서 네 아이들을 돌보며 한국에 있는 남편을 위해 기도하고 있던 아내는 "사역으로 부르심을 받은 자는 그 사명을 다할 때까지 죽지 않는다"라는 말씀을 붙잡았다. 그리고 선포하며 기도했다.

'하나님, 우리를 인도네시아로 부르셔서 대학 사역을 시키시는 게 분명하다면 남편이 내장의 어느 부분도 더는 손상을 입거나 잘라내지 않고 무사히 돌아오도록 해주십시오.'

내 무사귀환을 놓고 여러 날을 기도했다. 그것이 아내가 할 수 있는 믿음의 표현이었다. 그러나 시간이 지나면서 기도 후에도 여전히 마음 깊은 곳에 '혹시 남편이 잘못되면 어떻게 하나'라는 불안이 자리잡고 있음을 깨달았다.

다시 기도의 자리로 돌아갔지만 끝나고 나면 여전히 불안이 올라왔다. 아내는 그 마음을 하나님 앞에 솔직히 내놓고, 내 건강과 신변의 안전을 하나님께 맡겨드리기로 결단했다.

'하나님께서 예비하신 일이 이루어지기를 원합니다. 그것을 그대로 받아들이기 원합니다. 남편이 어떤 상태로 돌아오든지 인도네시아를 떠나지 않겠습니다.'

붙들고 있던 기도의 목표를 내어드리고 결과를 하나님께 맡기고 나서야 아내는 내면의 불안을 이길 수 있었다. 하나님께서 우리 부부에게 요구하시는 믿음의 모습이 서로 달랐다. 각자의 단계에 맞는 믿음으로, 변화 가운데 새로운 성장을 이루게 하셨다.

●

다시
시작
하겠습니다

열흘이 넘어서야 췌장액이 새는 게 멈추었다. 기적이고 은혜였다. 그런데 몸 상태가 호전되면서 나는 오히려 평안을 잃었다. 내 관심이 병 낫는 것이 되면서 병세에 따라 마음 상태가 오락가락했다.

병 낫기만을 바라는 내 모습에는 예수님을 구하는 갈망이 없었다. 내 마음 근원에서 바라는 건 오직 회복이었다. 극한의 상황에서 나는 예수님을 내 몸과 같이 사랑하지 못했다. 여전히 예수님이 필요할 뿐이었다. 하나님의 생각과 마음보다는 온통 내 몸의 필요에만 관심이 있었다. 나는 고백했다.

'주님, 제게만 모든 관심을 기울여서 죄송해요. 다시 시작하겠습니다. 제 마음을 다시 주님을 향한 갈망으로 채울 수 있도록 도와주세요."

평안은 하나님이 인생에게 주기 원하시는 가장 귀한 선물이다. 하지만 이것은 편리함이나 편안함과는 다르다. 내 관심이 '하나님을 더 누리는 것'이 되어야 평안을 지속할 수 있음을 알게 되었다.

시간이 지나서야 하나님께서 내게 긴 병고의 시간을 허락하신 이유를 깨달았다. 그 시간 동안 인도네시아에서 나와 함께 사역하기 위해 새로 구성된 팀들이 연합해서 기도했다. 그 과정에서 연합의 정신이 팀에 자리 잡게 되었다. 그리고 대학 사역을 위해 연합한 교회의 성도들이 내 회복을 위해서 중보하기 시작했다.

대학 사역에 미온적이었던 사람들이 진지하게 기도에 동참하면서 사역을 위한 기도가 모아지기 시작했다. 하나님께서 내 고통까지도 선(善)을 이루는 도구로 사용하셨다.

하나님께서 가장 바쁘게 움직이실 때는 나를 묶어놓으신 때였다. 실은 내 열심과 내 방식이 그분의 일에 방해가 되곤 했기 때문이다. 내가 병원에 있던 시간이 하나님이 가장 열심히 일하신 시간임을 나중에 깨닫게 되었다. 그리고 고난 가운데 그분을 향한 소망을 유지하는 게 얼마나 큰 축복인지를 고백하게 되었다.

예수님을 24시간 바라보는 훈련을 했던 루박의 고백은 우리가 처한 어려운 상황에 대한 하나의 실마리를 제공한다.

> "하나님께서 제게 부여하신 과업은 에베레스트 산을 오르는 것만큼 수행하기 어렵습니다. 하지만 제가 제 뜻을 하나님의 뜻에 온전히 맞출 수 있다면 하나님께서는 능히 그 일을 이루실 수 있으십니다.
> 그렇게 볼 때 제 임무는 단순합니다. 제 과업은 바로 제 뜻을 억제하는 것이기 때문입니다. 오늘 제게는 신앙이라는 것이 기본적으로 교리나 믿음이 아니라 제 자신의 뜻을 통제하는 것이라고 느껴집니다. 그것이 바로 제 임무입니다."

— 《프랭크 루박의 기도일기》(규장 간, 26쪽)

2년의 시간이 지난 후에 내가 왜 병상에서 시간을 보내야 했는지 이해하게 되는 또 하나의 단서를 발견했다.

어느 날, 장모님이 내게 말씀하셨다. 내가 병원에 다시 입원하던 날에 사위를 잃게 될지 모른다는 불안감이 엄습했다고 한다. 딸과 손주들의 미래를 생각하며 마음이 심란해서 어찌할 바를 모르다가 인근의 큰 교회에 찾아가서 무작정 기도를 시작하셨다고 한다.

실은 아내의 부모님은 교회에 다니지 않으셨다. 우리가 미국에 있는 동안 아내의 산후조리를 해주러 오셨다가 우리를 배려해 교회에 다녀주시기는 했지만 귀국해서는 가지 않으셨다. 두 분의 구원은 나와 아내의 오랜 기도제목이었다.

그날 교회에서 울면서 기도하시던 장모님은 '이 서방을 살려주면 교회에 나가겠습니다'라고 약속하셨다고 한다. 처가에 방문했을 때 장모님이 그 말씀을 하시면서, 하나님과 약속을 지키는 게 늦어져서 마음에 짐이 된다고 하셨다(지금은 교회에 출석하고 계신다).

하나님의 은혜는 평면적이지 않고 입체적이며 다면적으로 주어진다. 고통이 은혜가 되는 것은 그것을 통해서만 잉태되는 새로운 생명이 있기 때문이다.

예수님의 고통을 통해 우리에게 새 생명이 부어질 수 있었던 것처럼 우리의 고통을 통해서 누군가에게 생명이 흘러간다.

선교지에 막 들어온 꽃다운 나이의 선교사를 하나님께서 데려가시는 경우를 본 적이 있다. 누군가의 생명을 살리려고 그 땅에 들어가 섬기고자 하는 사람이 치러야 할 대가가 아닌가 싶다.

우리가 새로운 생명을 구원하는 도구로 쓰임받기 위해 예수님의 대속의 삶을 몸으로 발현해내고 대가를 지불해야 하는 건 아닐까? 누군가를 돌이키고 구원하기 위한 하나님의 계획 가운데 먼저 믿은 우리가 예수님을 본받아 고난의 잔을 받기도 하는 것이리라. 이런 의미에서 고난은 은혜의 도구가 될 수 있다.

CHAPTER 3

허락된 고난

●
누구
와
함께 나누며
이기는가

고난 가운데라도 그것이 하나님의 선하신 동기에서 비롯되었음을 신뢰할 수 있다면 우리는 극복할 힘을 얻는다. 욥이 고난을 받았던 배경에는 그에 대한 하나님의 신뢰가 있었다. 욥이 하나님을 경외하고 섬기는 건 하나님께서 그에게 잘해주시기 때문만이 아니라는 신뢰였다.

그분은 욥과 그 이상의 관계이고 싶으셨다. 사탄이 욥의 신앙에 대해 '하나님께서 잘 대해주시기 때문'이라고 주장하며 내기하려 했을 때, 하나님께서는 그와 관계가 그 이상이기를 기대하고 또 신뢰하고 계셨다.

사도 바울이 자신의 육체의 가시를 제거해달라고 기도할 때,

예상하지 못한 말씀을 하나님으로부터 받는다.

"내 은혜가 네게 족하도다."

사도 바울의 삶을 보면 그리스도로 인해 받은 고난의 흔적들이 있다. 세상의 눈으로 보면 은혜롭지 못할 수 있다. 바울이 받고 있던 고난이 무엇이든지 하나님께서는 그에게 계속 은혜를 붓고 계셨다. 그의 육체의 가시 자체도 하나님의 배려로 남겨진 것이라면 은혜가 된다.

하나님을 경험하면 우리에게 지금 남아 있는 고난의 이유가 무엇인지 알지 못해도 그것이 우리의 평안을 빼앗지 못한다. 우리의 가장 큰 어려움은 하나님을 알지 못하는 상태에 머물러 있는 것이다.

우리에게 고난을 허락하시는 하나님의 마음에는 우리와 더 깊고 새로운 관계로 나아가기를 원하시는 기대가 있다. 이 기대와 신뢰 때문에 하나님께서는 우리 인생에서 어떤 문제는 바로 해결해주시기도 하고, 또 어떤 문제는 우리가 완전히 포기하고 죽어질 때까지 혹독하게 기다리게 하시기도 한다.

그것을 깨닫고 보면 모든 과정이 은혜다. 무엇 때문에 아픈가가 문제가 되지 않을 때가 있다. 누구와 함께 아픔을 나누며 이기는가가 더 중요하다.

김상철 목사님이 제작한 다큐멘터리 영화 〈잊혀진 가방〉을 보았다. 1964년에 아프리카 콩고에서 벌어진 내전 속에서 성폭력과 감옥에서의 고문을 견뎌낸, WEC 소속인 헬렌 로즈비어라는 여성 의료 선교사님의 인터뷰 장면이 인상 깊었다. 당시 반군들은 그 땅을 떠나기를 포기하고 사역지에 남아 있던 선교사들을 감옥에 가두고 차례로 죽이고 있었다.

> 반란군의 포로로 잡힌 적도 있었습니다. 고통스러운 어느 날 밤, 악하고 못된 사람들에게 혼자 잡혀 있을 때, 하나님께서 말씀하셨습니다. "이런 상황에서도 나에게 감사할 수 있겠느냐?" 저는 대답했습니다. "저는 감사할 수 없습니다, 하나님!" 다시 말씀하셨습니다. "내가 너를 믿는 것에 대해서 나에게 감사할 수 있겠느냐?" "저는 제가 하나님을 믿는다고는 생각했지만 그로 인하여 극심한 고통을 경험할 것이라는 것은 생각하지 않았습니다"라고 대답했습니다. 하지만 하나님이 저를

믿고 계신다는 것, 마치 하나님께서 부모들에게 자녀들을 돌볼 것을 믿고 맡기신 것처럼 저에게 맡기신 일들이 있음을 알고 있었습니다. 또한 하나님은 저를 그 상황으로부터 건져주실 수 있었고, 피하게 하실 수 있었지만, 이유를 묻지 않고 내가 너를 믿어 이 경험을 허락한 것에 대하여 감사할 수 있는가라는 질문을 하신 것이었습니다. 저는 그날 밤에 "아! 하나님 제가 하나님이 무엇이라고 말씀하시든지 다 이해가 되지도 않고 이것이 어떻게 도움이 되는지 알지 못하지만, 하나님의 퍼즐한 부분에 제가 있는 것이라면 하나님 감사합니다"라고 대답했습니다. 제가 그 말을 하자마자 하나님의 놀라운 평안이 저의 마음을 지배했습니다. 어떠한 어려움, 끔찍한 환경 속에서도 하나님께 "이 상황에서 저를 믿어주시는 하나님께 감사드립니다. 이유를 말씀해주시지 않더라도 감사합니다"라고 고백할 때 회복될 수 있습니다.

— 《잊혀진 가방》(누가 간, 285-286쪽)

진정한
신뢰

고통 가운데에서 하나님이 나를 향한 기대와 신뢰를 갖고 계심을 기억하는 게 회복의 계기가 된다. 나는 2012년 12월부터 2013년 2월 중순까지 두 달 반 동안 수술과 회복을 위해 한국에 혼자 머물렀다.

수술을 마치고 후유증으로 다시 입원하면서 한국에 머무는 시간이 예상보다 길어졌지만 아내가 네 아이들을 데리고 한국으로 올 수도 없었다.

이 시기에 셋째 하연이가 어려움을 겪었고, 여러 번 폭발하는 상황이 발생했다. 하연이는 늦둥이 아들로 태어나서 가족의 관심 가운데 막내가 누릴 수 있는 사랑을 흠뻑 받고 자랐다.

그러다가 넷째가 태어난 후 충격을 받은 것 같았다.

게다가 환경이 미국에서 한국으로, 다시 인도네시아로 바뀌었다. 당시 아이는 만 3세였다. 익숙한 미국을 떠나 새로운 환경에 놓인 충격 탓인지 한시도 엄마와 떨어지려 하지 않았다.

인도네시아에 오기 전에는 순한 재롱둥이였던 아이가 예상하지 못한 모습으로 변해 있었다. 교회에서 엄마와 떨어지지 않고 징징거리는 하연이 때문에 아내는 자존심이 구겨지고 난처한 상황을 자주 경험해야 했다.

아이는 극단적인 불안 증상과 과격한 행동을 보였고 폭력적이 되었다. 화가 나면 누나나 엄마를 때리는 경우도 생겼다. 엄마가 혼내고 훈육을 해도 그때뿐이고, 떼를 쓰는 빈도와 강도가 점점 높아졌다. 어느새 "이용규 선교사의 셋째 아이가 성격이 대단하다"라는 평이 교회에 퍼졌다.

그 무렵, 내가 외부에서 집회가 있어서 집을 비운 적이 있었다. 집회를 앞두고 기도하는데 아내 이름으로 카카오톡 메시지가 왔다. 메시지는 여러 이모티콘으로 도배가 되어 있었다. 주로 권총, 악마 그리고 화난 얼굴 같은 것들이었다.

나는 그 메시지가 하연이로부터 온 것임을 단박에 알았다. 아마도 그새 엄마의 스마트폰으로 메시지를 보내는 법을 터득한 것 같았다. 아직 글을 제대로 깨우치지 못했기에 이모티콘으로 자신의 감정을 표현해서 보낸 거였다.

집회를 마친 후에 스마트폰을 켜보니 비슷한 메시지들이 연거푸 와 있었다. 순간, 아이의 마음을 생각하니 마음이 너무 아팠다. 집에 돌아와서 아이에게 말했다.

"아빠가 하연이가 보낸 메시지를 받고 처음에는 기뻤는데 내용을 보고 마음이 슬펐어. 하트가 하나도 없더라."

아이가 고개를 돌리며 손으로 귀를 막았다. 나는 계속 말을 이었다.

"아빠는 네가 나쁜 메시지 아무리 보내도 너를 끝까지 사랑할 거야. 네가 아무리 나쁜 짓을 하고 못되게 굴어도 무조건 너를 사랑해. 왜냐하면 아빠 아들이니까. 아빠에겐 하연이가 최고야!"

아이는 "흥" 소리를 내며 도망가버렸다. 아빠가 사랑한다는 고백이 그대로 아이의 마음에 전달되는 것은 기적이다. 아빠 말이 믿어지는 게 은혜다. 우리는 때로 믿고 싶어도 믿을 수 없기 때문이다.

나는 쉬지 않고 시간이 될 때마다 반복적으로 아이에게 설명해주었다. 그러나 아이는 내 말을 받아들이기를 여전히 거부하는 듯했다. 여러 날이 지나서 가족이 모두 차를 타고 교회로 갈 때, 나는 아이에게 다시 말해주었다.

"아빠는 하연이를 너무너무 사랑해!"
그때 아이가 뜻밖의 말을 했다.
"아빠, 나 이제 그거 알아요."
"어, 어떻게 알았지?"
"아빠가 전에 말해줬잖아요."

아빠의 말이 비로소 마음에 닿은 것이었다. 그리고 그즈음 나를 보는 아이의 표정이 바뀌기 시작했다.

어느 날, 아이에게서 메시지가 왔다. 십여 개의 하트와 생일케이크와 웃는 얼굴 아래 한글 메시지가 있었다. 엄마에게 한글을 배우고 난 후에 고사리손으로 보낸 글이었다.

"나 하연인데 아빠 사랑해요."

이 무렵부터 아이의 태도가 확연히 달라졌다. 아이가 기다릴 줄 알게 되었다. 부모를 신뢰하기 시작하면서부터 생긴 현상이었다.

전에는 유치원에 갈 때도 엄마와 떨어지지 않으려고 울고불고했다. 그러나 이제는 "빠이빠이"를 하고 유치원에 간다. 엄마 없이 혼자 차를 타고 가는 것도 가능해졌다. 동생을 때리는 횟수가 줄었고, 동생의 실수에도 손을 뻗지 않고 참으려 애쓰는 모습이 보였다.

아이를 힘들게 하는 근원에는 부모에 대한 불신과 불안이 있었던 것 같다. 아빠가 자기를 어떤 환경에서도 사랑한다는 말이 믿어지면서 아이는 달라졌다. 안정감이 아이의 마음에 자리 잡게 된 것이다. 부모의 사랑을 믿을 수 있게 되자 내적인 안정감이 생기고, 아이의 감정과 태도가 바뀌었다.

우리가 바뀌지 않는 이유는 하나님을 향한 믿음을 갖지 못해서다. 그런데 우리가 믿고 싶다고 해서 믿어지는 게 아니다. 믿음은 그저 은혜로 주어지는 것이다.

구름 속의 산책 2013

○

"아빠는 하연이를 너무너무 사랑해!"
그때 아이가 뜻밖의 말을 했다.
"아빠, 나 이제 그거 알아요."
"어, 어떻게 알았지?"
"아빠가 전에 말해줬잖아요."

아픔이 주는 궁휼의 능력

우리가 변화할 수 있는 최선의 방법은 오직 무조건적으로 부어지는 하나님의 사랑을 경험하는 것이다. 하늘 아버지의 나를 향한 무한한 사랑을 깨달으면 바뀌기 시작한다. 그 사랑을 경험해야 누군가에게 그 사랑으로 나아갈 수 있다. 그때 변화가 시작된다.

회복된 사람이 또 다른 사람의 회복을 도울 수 있다. 내 회복이 또 다른 회복을 낳는다.

나는 수술 후에 인도네시아로 돌아와 셋째의 심각한 상태를 보면서 아이를 바로잡아주어야 한다고 생각했다. 그래서 강하게 훈육을 할 생각이었다. 폭발해서 자제력을 잃고 울며 다른 사람을 때리는 습관을 고칠 기회만 보고 있었다.

그러던 어느 날, 아이가 울음을 그치지 않고 내 경고를 계속 무시했다. 기다려보고 혼내겠다고 위협했지만 효과가 없었다. 결국 아이를 현관 밖으로 내보내서 반성한 다음에 불러들이려고 했다. 아이는 밖으로 끌려 나가면서 큰 소리로 울었다. 우리 집 아이들은 기본적으로 밖에 혼자 있는 걸 무서워했다.

하연이를 밖에 두고 문을 닫았는데 하도 크게 울어서 길 건너에 사는 선교사에게서 연락이 왔다. 아이 우는 소리가 나는데 괜찮은지 물었다. 나는 그날 작정하고 아이를 꺾으려고 했다.

아이가 계속 울며 문을 두드리기에 잠시 문을 열어보았다. 문밖에 둔 자전거는 넘어져 있고, 신발은 여기저기 흩어져 있었다. 한심하기도 하고 어찌해야 할지, 언제까지 대치 상태로 있어야 할지 난감했다. 그간 아이와 그런 극단적인 상황을 겪어본 적이 없었다. 첫째와 둘째가 비교적 순하게 컸기 때문이었다.

예전에는 교회에서 자제력을 잃고 우는 아이들을 보면 속으로 '부모가 잘못 가르쳤기 때문'이라고 치부했다. 그러나 하연이를 키우면서 회개했다. 아이의 문제가 부모만의 문제가 아닐 수 있다. 그리고 정죄를 통해서는 어느 누구도 바뀌지 않았다.

하나님께서는 하연이를 통해 자녀교육에 있어서 우리 부부의 자부심을 꺾어놓으셨다. 우리가 잘 해서 아이들이 잘 크는 게 아님을 고백하게 하셨다. 아이를 통해서만이 우리가 배울 수 있는 내용이었다. 때로 하나님께서 자녀들을 사용하셔서 부모를 바꾸어가신다.

동생의 울음소리를 듣고 첫째 동연이가 내 앞에 와서 울먹이며 말했다.

"아빠, 하연이가 불쌍해요. 그만 용서해주세요. 하연이도 어쩔 수 없어서 그러는 걸 거예요. 엄마, 아빠가 막내만 사랑할까 봐 저러는 거잖아요."

"그래, 아빠도 알지. 그런데 어떻게 하면 좋겠니? 그냥 하연이를 데리고 들어올 수도 없고."

그러자 큰아이가 밖으로 나가 하연이의 손을 잡고 말했다.
"너 빨리 아빠한테 잘못했다고 빌어, 빌란 말이야!"

하연이는 그 말에 힘입어 울면서 잘못했다고 두 손을 모으고 빌었다. 나도 아이를 품에 안으며 울었다. 그렇게 세 남자가 문밖에서 같이 울었다.

그 이후부터 하연이가 형을 바라보는 눈빛이 그윽하기 그지없었다. 자신을 구해준 형이 무척이나 고맙고 의지가 되었나 보다. 내게 몇 차례나 형이 멋있다는 말을 했다.

누군가에게 구원받았다고 느낄 때, 우리는 그에게 그런 눈빛을 보낸다. 예수님의 구원을 경험한 사람은 그분께 그런 눈빛을 보내게 된다. 그분이 너무도 멋있어 보이는 게 당연하다. 그렇지 않다면 우리는 구원받은 경험이 없는 것일지 모른다.

나는 동연이가 용기를 내서 나와 하연이 사이에 서준 일이 바로 '중보'라는 생각을 했다. 실은 그것이 내가 이 땅에 온 이유이기도 하다. 하나님과 이 땅 거민들 사이에 중보자로 서는 것이다. 이 사실을 아이들을 통해 확인한다.

동연이가 중보자로 설 수 있었던 건 둘째가 태어났을 때 자기가 심하게 소외감을 느꼈던 경험 때문이었을 것이다. 둘째가 생기자 동연이가 동생을 질투하고 힘들어했었다. 그래서 셋째 하연이가 막냇동생 때문에 힘들어하는 것에 동병상련의 마음을 가질 수 있었던 것 같다. 아픔이 긍휼의 원료가 된 것이다.

예수님은 돌아온 탕자를 맞이한 아버지의 비유에서 두 아들의 예를 들었다. 아버지와 같이 사는 게 불편하다며 집을 나간 아들과 그 아들이 돌아오자 자신의 유산이 줄어들 걸 염려해서 화를 내는 큰아들이 있었다.

이 비유에는 아들에 대한 하나님의 또 다른 기대가 스며 있다. 중보자로 서는 아들이다.

"아빠, 동생 때문에 마음이 많이 아프시지요? 아빠와 동생을 생각하니 제 마음도 아파요. 동네 어귀에 계시지 말고 들어가세요. 제가 대신 동생 찾으러 나갈게요."

아픔을 통해 얻어진 회복과 그 가운데 얻어진 긍휼을 사명으로 삼고 살아가는 아들의 모습, 이것이 우리를 향한 하나님의 기대다.

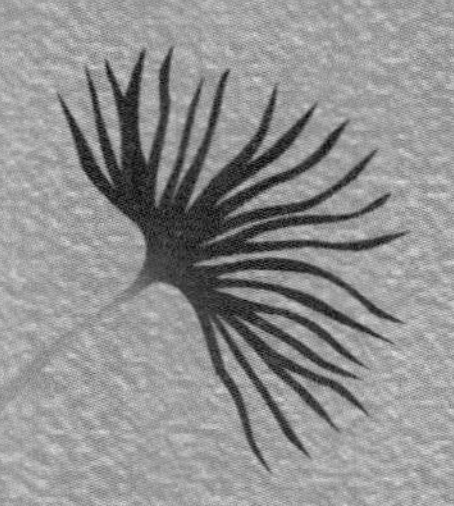

Part 2

해결되지 않은 문제들

어려움을 바라보는 새로운 시각

CHAPTER 4

대면해야 할 때

나그네
의
서러움

본토를 떠나서 떠도는 삶은 고달프다. 우리는 이 고달픈 여정을 통해 하나님을 만난다.

그 전에 우리가 먼저 직면해야 할 부분이 있다. 그것은 우리의 연약함, 우둔함, 무능력 그리고 비겁함이다. 그 실제적인 모습이 드러날 때, 우리에게 하나님이 필요함을 깊이 인정하고 그분께 부르짖을 수 있다. 그제야 비로소 하나님의 실재하심과 능력과 인도하심을 경험한다.

아브라함은 보내심을 받은 땅에서 기근을 만나자 애굽으로 가기를 선택한다. 그 과정에서 그가 살던 삶의 방식이 그대로 드러난다. 물론 아내 사라와 사촌지간이어서 거짓말은 아니었지만 아내를 누이라고 소개해서 곤경을 피하고자 했다. 그는 아내를 잃는 것보다 자신의 생명을 유지하는 게 더 중요하고 가치 있는 일이라고 생각했다. 그 결과, 우려한 대로 아내를 잃을 뻔한 상황에 처했다.

아브라함처럼 나도 새로운 환경과 과제와 장벽 속에서 스트레스를 받으면 몰랐던 내 모습이 드러나곤 한다. 전에는 나 자신이 관대하고 여유 있고 부드러운 사람이라고 생각했다. 적어도 익숙한 몽골에서는 그랬다.

하지만 새로운 환경에서 새로운 관계에 부딪히고 벽을 경험하면서 내가 심약하고 속 좁은 존재임을 깨닫게 되었다. 당혹스럽지만 인정하지 않을 수 없었다.

내가 경험한 본토를 떠난 삶의 고달픔 중 하나가 비자 문제였다. 타국 시민으로서 남의 나라에서 살기 위해서는 입국 허가가 필요하다. 인도네시아 사역 가운데 가장 어려운 폭풍 중 하나가 이 문제다.

첫해는 언어를 배우고 컨설팅 회사를 통해 비자를 발급받아 잘 보냈다. 그런데 비자를 연장하는 과정에서 문제가 생겼다. 정부의 정책이 바뀌고, 컨설팅 회사의 잘못된 일 처리로 어려움이 생겼다.

그것을 수습하는 과정에서 많은 벌금을 지불했고, 급기야 온 가족이 급히 비행기 표를 구해서 귀국해야 했다. 그래서 약속했던 외부 일정과 집회도 취소해야만 했고, 아이들이 학기 중임에도 데리고 나와야 했다.

비자가 언제 다시 발급될지도 확실하지 않은 상태로 기다렸다. 잘못은 다른 쪽에서 했지만 어느 누구도 책임지지 않았고, 결국 외국인 당사자가 금전적, 법적, 시간적 책임을 져야 하는 상황에 놓이면서 나그네로 사는 삶의 서글픔을 경험했다.

미국 유학 시절에 한인교회 성도들의 삶의 애환의 한복판에 비자 또는 영주권 취득과 관련된 문제가 있음을 보았다. 나는 학교를 통해 비자 문제를 비교적 쉽게 해결한 편이었지만 여전히 비자를 발급받고 유지하는 데 긴장된 시간을 보냈다.

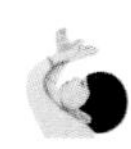

한번은 안식년 기간 중에 미국에 학생비자로 머물던 중 비자 만료가 가까운 시기에 캐나다에서 집회 요청을 받았다. 거절하기 어려운 집회여서 캐나다에 갔다가 다시 미국 국경으로 들어갔는데, 그게 문제가 되었다.

학교에서 받아 간 서류가 사인된 시점이 3개월이 지났기에 유효하지 않다는 이유를 들어서 출입국사무소 관리가 내 입국을 지연시키다가 나중에 허용해주었다.

만약 입국이 거부되면 매우 복잡하고 난감한 상황이 벌어졌을 것이다. 모든 일정이 뒤엉키고, 아빠를 기다리는 아이들에게 미안한 상황이 벌어지고, 많은 노력과 돈이 소요될 수 있었다.

사역을
위해
지불해야
할 것

몽골에 살면서 많은 선교사가 억울하게 추방을 당하는 걸 지켜봐야 했다. 교회 안에서 갈등이 나타나 원한이 생기거나 현지인 지체가 물질의 유혹을 받을 때 선교사의 약점을 이용해서 고발하는 경우가 종종 있었다. 그러면 외국인이 무조건 불리하기에, 때로는 가구와 차도 놓고 급히 쫓겨 나가는 상황도 보았다.

중국이나 중앙아시아에서도 많은 선교사가 경찰의 습격을 받아서 집을 떠나 피신하고, 또 비자 연장이 되지 않아 쫓겨나는 경우가 비일비재하다.

인도네시아는 식민 지배의 경험이 있기 때문에 정부가 외국인을 의심의 눈초리로 감시하려는 경향이 강하다. 그래서 비자 발급이 매우 어렵고, 까다로운 절차를 거쳐야 한다. 또 발급받기 위해 지불하는 비용도 만만치 않다. 더욱이 직책이 바뀔 때마다 비자를 새로 받아야 하므로 외국에 나가서 비자를 새로이 발급받고 인도네시아에 들어와야 한다.

"비자 내는 데 돈이 많이 드시겠네요."

인도네시아에서 만난 한 선교사가 우리 가정을 보고 한 첫 인사가 이것이었다. 처음에는 왜 그런지 잘 이해하지 못했다. 그런데 살다 보니 이해가 되었다.

취업비자로 있는 사람은 출입국을 위한 허가를 별도로 받아야 한다. 또 비자 연장 신청을 하는 동안에는 특별 출입국 허가를 받아서 다녀야 한다. 나는 1년짜리 출입국 비자를 발급받은 바 있었는데 비자 연장 허가가 늦어질 걸 대비해 추가로 특별 출입국 허가를 받아두었다. 미리 안전장치를 하자는 의미였는데, 그 특별 허가를 받은 후 두 번째로 인도네시아에 입국하는 과정에서 문제가 생겼다.

내가 캄보디아에서의 일정을 마치고 인도네시아로 입국하는데 이민국 직원이 내 여권을 보더니 다른 방으로 불러서 심문을 했다. 그 관리의 설명에 따르면 특별 허가는 한 번만 사용할 수 있는데 내가 두 번째 출입국을 했다는 것이다.

그리고 1년짜리 출입국 비자는 특별 비자를 받는 순간 무효가 된다고 했다. 문제는 인도네시아에서 출국할 당시 이민국 직원이 나를 출국시켰다는 점이다. 그래서 다시 입국할 때 문제가 불거진 것이다.

이민국 직원은 내가 인도네시아에 재입국할 수 있는 법적 근거가 없어졌다고 했다. 그렇다고 관광도착비자로 들어오면 그것도 문제가 되었다. 인도네시아에 머무는 가족은 동반비자이기 때문에 비자가 말소되어 불법체류가 되므로 당장 출국을 해야 했다.

난감한 상황이었다. 그저 이민국 직원의 선처를 바랄 뿐이었다. 그는 고심을 하더니 지난번의 인도네시아 입국 도장을 무효로 만들면 된다고 했다. 그렇게 얼떨떨한 상태로 인도네시

아에 들어오게 되었다. 만약 그때 이민국 직원이 내 입국을 거부하면 매우 복잡한 문제가 발생할 수 있었다. 하나님께서 특별한 은혜로 곤궁에 빠진 자를 구제해주셨다.

이 경험으로 나는 인도네시아의 행정 방식을 새롭게 이해할 수 있었고, 법과 재량 사이의 모호한 경계에 대해서도 생각하게 되었다.

비자 문제는 내 계획이나 마음대로 할 수 없다. 그래서 이런 문제가 나를 더 깊이 기도하는 자리로 나아가게 만든다. 많은 이민자가 그 땅에 남으려는 대부분의 이유는 돈이다. 이민 생활의 불안함을 극복할 유일한 대안이자 힘든 삶의 대가가 바로 물질적인 보상이기 때문이다.

그래서 조국 없이 떠돌이 삶을 살았던 유태인들이나 중국인 이민자들이 돈을 버는 데 악착같았던 것 같다. 그들에겐 경제적 보상이 떠돌이 생활의 대가였다.

나와 함께 다른 사역자들도 예기치 않은 행정적 변화로 비자를 발급받는 데 어려움을 겪는 경우가 많았다. 그리고 그때마다 복잡한 과정을 거치곤 했다. 문제를 해결하려고 노력하는 가운데 계속 상황이 꼬일 때마다 마음이 불편했다.

그때 하나님께서 주신 생각이 있었다. 복음은 희생을 통해서 전파되기에 복음을 먼저 받은 우리가 대가를 지불해야 한다는 것이다. 우리의 사역의 결과로 이슬람권에서 복음을 받아들인 학생들이 치러야 할 희생과 지불할 대가가 더 클 터였다. 그런 대가를 지불하고 얻어야 할 복음을 전하기 위해 그 전달자도 감당해야 할 희생이 있다는 것이다.

'누구나 할 수 있는 희생이라면 굳이 내가 너를 여기에 부르지 않았다.'

하나님께서 계속 이런 메시지를 주셔서 나는 내 앞에 있는 어려움들을 새로운 각도에서 바라볼 수 있었다.

우연한 산책 2014

○

'누구나 할 수 있는 희생이라면
굳이 내가 너를 여기에 부르지 않았다.'

그 땅
에
남아야 하는
이유

인도네시아에서 3년차로 접어드는 시점에 체류비자 연장 실패로 결국 가족과 함께 급히 한국에 와서 비자가 나올 때까지 무작정 기다려야 했다. 당시 정권과 시스템이 바뀌면서 여러 시행착오가 나타났고, 그 가운데 그저 손을 놓고 기다릴 수밖에 없었다.

게다가 홍수가 나서 전산 시스템에 문제가 생겨 더 오래 기다려야 했다. 그렇게 한 달이 지나자 아이들이 언제 학교에 갈 수 있냐고 물었다. 나는 딱히 대답해줄 말이 없었다.

하나님께서 귀국을 늦추시는 이유가 있으리라 생각해서 그 이유를 묻는 기도를 했다. 생각해보니 인도네시아에 우리 가정을 빨리 입국시키기 원하신다면 일사천리로 일이 진행되도록 허락하셨을 것이다. 하지만 일정이 계속 늦춰지자 초조함을 넘어서 과연 인도네시아에 다시 들어가는 게 맞는지 의문이 들었다. 그럴 때면 내 안에 질문이 올라왔다.

이 나라가 나를 원하지 않는데 내가 다시 들어가야 하는 이유에 대한 것이었다. 또 이들은 내게 관심이 없는데 굳이 '나는 알고 보면 좋은 사람이고 도움이 되는 사람인데 내가 당신들을 도와줄 수 있게 허락해주세요'라고 사정해야 할 필요가 있는지 회의가 들었다. 그래서 이렇게 기도했다.

'하나님, 제가 꼭 인도네시아에 있어야 할까요?'

비록 확신을 가지고 왔지만 절박한 상황이 되자 앞서 받았던 약속에 대해 다시 질문을 했다. 내 어깨의 짐을 가져가시기보다 더 큰 모래주머니를 달아주시는 그분께 내 내면에 상한 마음의 흔적이 있음을 느꼈다(어쩌면 이것이 아브라함이 기근 당시 가졌던 감정일지도 모른다).

그러던 중 나는 어느 개척교회에 말씀을 전하러 가게 되었다. 그 교회는 내가 몽골에서 사역할 당시 한국 선교사 자녀학교의 선생님으로서 이레교회를 나와 같이 섬겨주셨던 분이 사모로 계신 교회였다.

남편 목사님은 전도가 유망한 젊은 목회자인데 하나님이 주신 마음의 부담 때문에 큰 교회 부교역자로 가기보다는 그 교회를 자원해서 섬기고 있었다.

그 교회는 인천의 가난한 재개발 지역의 시장통에 있었다. 교회의 아래층에는 생선 가게가 있었다. 계단을 통해 위층으로 올라가는데 복도에 가득한 비린내가 코를 찔렀다. 그런데 그 냄새가 왠지 익숙하게 다가왔다. 예전 몽골에서 살던 집 아래층이 음식점이었는데 양고기 냄새가 늘 복도에 가득했다.

교회에 들어가 보니 작고 아담한 예배 처소에 몇 가정이 모여 있었다. 내 눈에서 눈물이 왈칵 쏟아졌다. 몽골에서 섬기던 이레교회 생각이 났다. 그때는 신참 선교사로서 가난한 마음으로 사역했다.

나는 교회 뒷자리에 앉아서 기도하기 시작했다. 기도 중에 비로소 하나님의 마음과 생각이 내게 전해졌다.

'네 마음이 어느새 높아졌구나.'

나는 인도네시아의 비자 정책이나 관리들의 태도에 마음이 상해서 이렇게 생각했다. '여기 아니면 내가 갈 곳이 없을 것 같으냐? 너희들에게 좋은 것을 주려고 하는데도 너희가 나를 발로 차는구나.'

그것을 하나님께서 '높아진 마음'이라고 하시는 것 같았다.

'그저 겸손하게, 제발 들어가게 해달라고 구하지 않겠니?'

제발 들어가게 해달라고 비는 건 자존심을 꺾어야 가능하다. 그것은 교제하는 남자가 여자에게 "나는 네가 별로 필요하지 않아"라고 말할 때, 여자가 "그래도 제발 나를 좀 받아주렴. 난 네가 없이는 못 살아"라고 고백하는 것과 비슷하다는 생각이 들었다.

내 마음에 떠오른 건 '그럼에도 기꺼이 낮은 마음으로 어떤 어려움에도 제발 머물게 해달라고 하나님께 구할 수 있겠느냐'는 질문이었다. 나는 충분히 이해되지는 않았지만 하나님께서 가르쳐주신 대로 기도했다.

기도 가운데 내가 부름받은 그 땅에 머물고자 하는 이유는 결국 예수님에게 있다는 걸 다시 확인할 수 있었다.

예수님이 이 땅에 천국의 복을 나누기 위해 오셨을 때 환영받지 못하셨다. 오히려 헤롯왕은 그분이 오시는 걸 막기 위해 예수님 나이의 어린아이들을 모두 죽이라는 명령을 내렸다.

나는 예수님을 따르는 제자이기에 그분의 발자취를 좇아 부르심을 받은 자리가 나를 환영하지 않는 자리일지라도 계속 머물러 있어야 한다. 그분이 떠나라고 말씀하시기 전까지는 어떤 대가를 지불하더라도 이방인의 신분으로 그 땅에 남아 있어야 한다.

사실 크리스천들은 천국 시민권을 가지고 이 땅에서 이방인으로서 살아가는 사람들이다. 교회가 사회로부터 비난받는 것을 억울해하기보다는, 예수님이 이 땅에서 이방인으로 사신 것처럼 우리도 하늘로부터 오는 사명을 따라 살아가야 함을 고백해야 한다.

기도 가운데 내 안에 하나님에 대해 틀어져 있던 한 부분이 또 건드려졌다.

'네가 지금 무엇을 불편해하고 있니?'

아이들이 한국으로 나와서 학교에 가지 못하는 게 내게는 마음의 부담이었다. 나는 하나님께 솔직히 털어놓았다.

'하나님께서 제게 인도네시아의 수많은 어린 영혼의 교육을 맡기겠다고 하셨습니다. 그런데 지금 저는 그들의 교육은커녕 우리 아이들을 학교에 보낼 수도 없습니다.'

하나님께서 조용히 내 마음 가운데 질문을 던지셨다.

'네가 네 아이의 미래를 책임질 수 있니?'

나는 인정해야 했다.

'아니요. 그건 제 능력을 넘어서는 일입니다.'
'그래, 그것은 내 일이다. 너는 네 영역이 아닌 일을 걱정하고 있구나. 네 걱정이 아이들의 미래에 한 치의 영향이라도 미칠 수 있겠니? 그들의 미래를 계획하고 열어가며 인도해가는 건 내 일이지 네 일이 아니란다.'

그 말씀이 내 마음에 울렸다. 나는 고민을 하나님께 맡겨드리겠다고 고백했다. 그러자 다시 평안이 몰려왔다. 어떤 상황에서도 빼앗기지 않는 평안을 경험할 수 있었다.

바람의 노래 2015

○

'그들의 미래를 계획하고 열어가며 인도해가는 건
내 일이지 네 일이 아니란다.'

자녀
의
미래를
맡겼을 때

그해 여름, 아이들의 학년말 성적표를 보고 나는 깜짝 놀랐다. 한 달 반의 공백에도 불구하고 성적이 전보다 훨씬 좋아졌을 뿐 아니라 아이들 스스로 공부하는 법을 터득했기 때문이다. 하나님께서 '맡기라'고 말씀하신 이유를 어렴풋이 이해할 수 있었다.

내 자녀의 교육을 하나님께 맡겼을 때, 내 빈손에 새로운 사명을 담아주심을 깨달았다. 나와 우리 사역팀은 하나님의 인도하심으로 'School of Tomorrow'(SOT)라는 커리큘럼을 만났다. 이것은 1960년대에 미국 남침례교단을 중심으로 개발된 것으로, 학생이 강의 없이 자율적으로 교재를 갖고 공부하는 교육 프로그램이다. 교사들은 학생이 스스로 공부할 수 있도록 지도하는 훈련을 받고 투입된다.

이를 통해 수많은 선교사 자녀가 학업의 혜택을 받을 수 있다. 아울러 인도네시아 지방의 낙후된 지역의 교회가 학교를 운영하면서 사회 개발을 도울 수 있다. 인도네시아에는 취학 연령의 크리스천 가정의 자녀들이 1천만 명이 넘는다.

내 자녀의 교육을 하나님께 맡겨드리겠다고 고백한 후에 1천만 명을 섬기는 일로 부르심을 받았음을 확인할 수 있었다. 내 자녀들은 자카르타 시내에 위치한 싱가포르 국제학교에서 장학 혜택을 받고 있었다. 하지만 새로운 교육 프로그램을 시작하는 데 이 아이들이 먼저 대상이 되어야 신뢰할 수 있는 프로그램을 만들 수 있다고 생각했다.

자녀를 하나님의 손에 맡겨드렸기 때문에 우리 팀은 자녀들을 위한 새로운 교육에 도전할 수 있었다. 아울러 하나님께서 우리 자녀들의 교육이 인도네시아교회 안의 수많은 어린 영혼을 위한 교육과 맞물리는 큰 퍼즐을 보게 하셨다.

인도네시아교회는 한국교회가 경험한 길이 아닌 다른 길을 찾아갈 수 있도록 돕고 싶은 소망이 있다. SOT 프로그램과 또 다른 프로그램들을 통해 아이들이 영적, 학문적, 정서적으로 균형 있게 성장할 수 있는 기회를 주고 싶다.

자녀의 미래를 하나님께 맡겨드린다는 건 무엇을 의미하는가? 편안히 있으면서 기도를 쉬는 것일까? 자신은 시간과 물질로 헌신하지 않고, 하나님께서 알아서 해주시기를 기다리는 것일까?

하나님께 맡겨드린다는 건 그분의 인도하심을 적극적으로 구하고, 그분의 방식이 우리 자신을 압도할 수 있도록 그분을 열심히 초청하는 걸 의미한다. 우리 자녀의 미래를 하나님 앞에 믿음으로 맡겨드릴 때, 우리의 손에 더 큰 소명을 얹어주심을 깨닫는다.

그분은 우리의 일 가운데 무언가 막힌 것이 있을 때, 영적 이유가 있음을 지속적으로 가르치신다. 아울러 장벽을 만날 때마다 하나님의 계획에 그것도 포함되어 있을 뿐 아니라 그것 때문에 사역이 멈추지 않고 더 풍성해질 수 있음을 알게 하신다.

생선 가게 위층에 있는 개척교회에서의 기도 후에도 계속 한국 체류 기간이 연장되어 오병이어 선교회 수련회에 참석할 수 있었다. 집회의 말씀 사역자가 아니라 조용히 말씀 듣는 자리에 있는 게 참 귀하다는 생각이 들었다.

강의를 들으며 일중독에 빠져 있는 나를 보게 되었다. 동시에 일을 놓는 것도 두렵고, 일을 대하는 것도 두려워진 내 모습도 보았다. 리더로서의 책임을 너무 과중하게 느끼고, 하나님께 일을 맡겨드리지 못하는 모습도 있었다. 그제야 나와 가족을 비자 문제를 통해 사역에서 떨어뜨리신 또 다른 이유를 알게 되었다.

하나님께서 일을 멈추게 하실 때는 이유가 있다. 그러한 멈춤의 시간조차 그분의 지혜와 사랑에 기초한 것임을 고백하게 된다. 왜냐하면 주님이 열어주시는 사역들 사이로 열심히 달려가는 때가 조만간 다가올 것이기 때문이다.

CHAPTER 5

여전히 남아 있는 숙제

정말
내려놓았는가

한국에 머무는 동안 나는 새로운 영역에서 내려놓음의 연습이 필요함을 알았다. 어쩌면 처음부터 다시 해야 한다고 느꼈는지 모른다. 이미 내려놓음에 대한 책을 써서 잘 알려진 저자가 내려놓는 삶의 기초에 충실하고 있는지 다시 점검해야 했다.

처음에는 이것을 인정하는 게 불편했다. 그러나 이 모든 부족한 모습을 하나님 앞에 있는 그대로 인정해야 다음 걸음을 걸을 수 있었다. 치유와 회복을 위해서는 솔직하게 내 약함을 그분 앞에 드러내야 한다.

비자 문제로 한국에 머무는 동안에 아버지께서 걱정하시는 투로 연거푸 가족의 문제와 사역의 현황에 대해 물으셔서 나

는 짜증을 냈다. 아버지께서 말씀하셨다. “난 네가 내려놓았다고 하는데 도대체 뭘 내려놓은 건지 모르겠다.”

나는 아차 싶었다. 내 아킬레스건이 건드려졌다.

‘너는 책에 쓰고 설교하는 대로 가장 가까운 가족에게 하고 있느냐?’

이런 질문이었다. 나를 방어하고 싶었지만 변명이 되지 않았다. 짜증스러운 반응이 실은 내 안에 남아 있는 어떤 문제 때문임을 깨달았다. 이럴 때 내가 경험한 최선의 방법은 내 초라하고 누더기 같은 내면을 솔직하게 드러내고 하나님의 사랑의 마음을 겸손히 구하는 것이었다.

그렇게 주어지는 하나님의 위로와 새로운 약속이 은혜다. 비로소 우리는 “마음이 가난한 자는 복이 있나니 천국이 저희 것”이라는 예수님의 말씀이 진리임을 고백하게 된다. 또 애통하는 자가 왜 복이 있고 위로를 받는지도 경험한다.

책을 쓰고 이름이 알려지던 시기에 내적으로는 매우 혼란스러웠다. 내가 내려놓았다고 생각한 문제를 다시 들고 있고, 내 안에는 여전히 해결되지 않은 문제들이 있음을 느끼지만 책 때문에 남들은 나를 높은 단계의 신앙인의 표본으로 오해하고 있다는 생각이 들었다.

한번은 가족과 인천공항에 도착했을 때 아내와 의견이 충돌해 불편한 마음으로 같이 걸어가고 있었다. 그때 누군가가 나를 알아보고 반갑게 인사하면서 사진을 같이 찍자고 했다.

나는 급히 웃는 얼굴로 사진을 찍고 인사하고 헤어졌다. 그 때 내 자신이 껍데기에 싸여 있다고 느꼈다. 이후에 기도하면서 하나님 앞에 나아갔을 때, 이런 생각이 마음에 차올랐다.

'네가 다 내려놓은 자이기에 그 책을 쓴 게 아니란다. 너는 그저 내려놓고자 씨름하면서 그 방향으로 가는 과정을 담은 것이지 않니? 하나님은 완전히 완성된 자만을 사용하시지 않는단다. 자신을 부인하지 못하고 부족한 모습을 부둥켜안고 하나님을 바라고 의지하는 모습 그대로 너를 사용하시는 것

이란다.'

사역의 기초를 놓기 위해 고군분투하던 시기에 인터넷에 나에 대한 흑색선전이 올라 있다는 걸 지인들을 통해 들었다. 대규모 사역을 하며 지명도가 높아지는 상황에서 감수해야 할 일일 수 있었다. 연변과학기술대학교, 몽골국제대학교, 한동대학교가 세워지는 초기에도 다양한 흑색선전이 나와서 사역자들의 진을 빼고 에너지를 고갈시켰다.

그런데 시기적으로 보면 절묘할 정도로 나를 불편하게 만드는 상황이었다.

'이곳에서의 교육 사역 프로젝트가 많은 분의 기도와 후원으로 조금씩 진행되고 있는데 이런 왜곡이 후원자들의 마음에 부담이 되면 어떻게 하나?'

마음이 어려웠다. 짜증이 치밀어 올랐다. 그것이 잘 조절되지 않을 때, 가족과 내 가까운 사람들에게 짜증 섞인 대응을 했다. 급기야 아들이 볼멘소리로 말했다.

“남들은 내게 좋은 아빠 둬서 좋겠다는 말을 하는데 나는 뭐가 좋은지 모르겠어.”

마치 아브라함이 기근 가운데 자신의 연약함을 드러냈던 것처럼 일련의 어려움을 통과하면서 내 약함을 보았다.

우리에게 허락된 가시를 통해 우리의 약함을 직면하게 된다. 그러나 그것이 나를 낙담에 빠져 있게 할 수는 없다. 우리는 도리어 그 약함을 통해 강해지기도 한다. 그러기 위해서는 내 약함이 하나님께 온전히 드러나고 드려져야 한다.

이런 실패와 약함의 노출은 결국 하나님께서 우리에게 갖고 계시는 특별한 기대 때문에 일어난다.

물의 아이 2015

치유와 회복을 위해서는
솔직하게 내 약함을
그분 앞에 드러내야 한다.

●

고통
가운데
다루어짐

우리는 약함 가운데 있을 때 비로소 '은혜'라는 단어의 깊이를 자각하게 된다. 삶에 어려움이 찾아올 때, 우리는 당황하며 많은 질문을 던진다.

'하나님께서 나를 돌아보실까? 왜 이런 어려움이 찾아올까? 내가 무슨 잘못을 한 걸까? 어디에서부터 잘못된 것일까?'

이 과정을 거치며 하나님의 마음과 만나면 그 고통 가운데라도 그분의 은혜가 머물고 있음을 깨닫게 된다.

고통이 하나님의 무관심 때문에 일어난 게 아니고, 또 하나님께서 우리를 벌주거나 힘들게 하시려는 게 아니라는 걸 확인하게 된다. 그러면 고통조차 은혜로 주어지는 하나의 '패키지' 임을 고백할 수 있다.

이런 과정을 통해 아브라함은 약속으로 주어진 아들을 내어 드리기까지 하나님의 선하신 계획을 신뢰하는 자로 설 수 있었다.

우리가 무언가를 얻지 못하고, 어려움을 당한다고 해도 불행해지는 건 아니다. 오히려 고통이 자아를 낮추고 비워주며 하나님과의 관계를 더 새롭게 하는 도구가 된다. 그리고 우리는 다시 달려갈 담대함을 얻게 된다.

아브라함이 가나안 땅에서 만난 기근이 내가 인도네시아에서 경험한 어려움이었다. 하나님께서는 그가 무언가를 이루기보다는 먼저 기근을 통해 자신의 약함을 깨닫고 하나님을 경험하고 배우며 신뢰하는 법을 가르치기 원하셨다.

하나님께서 내게 원하신 것도 사역의 확장이 아니라 하나님의 마음을 더 깨달아 아는 과정이었다. 내 계획이나 내가 이루고 싶은 것들을 확인하고 다시 그분께 내어드리며, 내 안에 높아져 있던 것들을 그분이 다루시고 만지시는 과정이었다.

이를 통해 내 열정에 헌신하고 있는지, 하나님의 부르심에 헌신하고 있는지가 드러난다. 내가 이룰 일, 앞으로의 내 모습을 향한 헌신이 아니라 하나님의 계획에 대한 헌신이 이루어진다.

자신의 야망과 열정이 죽고 하나님의 소명이 다시 정립된다. 내가 무언가를 이루겠다는 생각이 죽고 하나님께서 그분의 방식대로 영광을 드러내실 수 있도록 우리가 도구의 자리로 내려가기 때문이다.

이것 자체가 말할 수 없는 기적이다. 그래서 우리의 사역의 성패는 '얼마나 이루었나'가 아니라 '얼마나 내어드렸나'에 달려 있다.

또한 이 과정을 겪으며 어려움에 처한 다른 사람들을 향한 긍휼의 마음을 얻는다. 같은 경험이 없이는 가질 수 없는 마음이다. 그리고 그것이 우리 사역의 동기이자 연료가 된다.

아브라함이 가나안 땅에서 사는 동안 얻은 건 무엇일까? 하나님께서 그에게 어느 시점부터는 재물을 주셨고, 기업을 확장시켜주셨지만 그것으로 행복했을까?

그가 죽을 때까지 그에게 주신 하나님의 약속은 아직 이루어지지 않은 것처럼 보였다. 사실 그 약속은 자신의 세대에는 만질 수 없을 정도로 크고 위대한 것이었다.

그에게서 난 자녀들이 뭇 별과 바다의 모래같이 많아질 거라고 했건만 그는 약속의 아들로는 이삭 한 명을 두었을 뿐이다. 그가 밟는 땅마다 그에게 주겠다고 하신 약속도 그의 당대에는 이뤄지지 않는 듯했다. 아브라함은 떠돌이로 살았고, 아내가 죽었을 때 장사할 땅을 헷 족속에게 구해야 했다.

그것은 후대에 이루어질 약속이었다. 그러면 아브라함이 생전에 누린 복은 무엇이었을까? 그것은 그가 약속의 땅에서 하나님을 누리며 오직 그분의 은혜와 사랑으로 사는 법을 배운 것이다. 하나님을 신뢰해서 그분께 깊은 순종을 보일 수 있도록 성장한 게 가장 큰 선물이었다.

그의 믿음이 자라서 약속으로 받은 증거인 아들을 하나님 앞에 제물로 내어놓을 수 있었다. 그 결과, 인생의 후반부에 믿음으로 하나님과 관계 맺고 그분을 누리는 법을 배웠다.

그것이 바로 아브라함을 향한 하나님의 기대였다. 또 그의 인생의 가장 큰 소득이자 복이 되었다. 그래서 어려웠던 시간까지도 자신과 믿음의 후손들에게 미치는 큰 유익이 되었다.

○
우리가 무언가를 얻지 못하고,
어려움을 당한다고 해도
불행해지는 건 아니다.

아직
못 만난 것에
대한 기대

필리핀의 컴패션을 방문했을 때, 컴패션 대표인 서정인 목사님이 나눠주신 말씀을 들었다. 서로 보고 느낀 걸 나누는 시간에 한 젊은 자매가 질문했다.

"처절한 가난 속에 사는 사람들을 보니 세상이 불공평하다고 느껴져요. 하나님은 왜 이런 상황을 허락하셨을까요?"

목사님이 대답을 하시는 중에 한 이야기를 들려주셨다. 중부 필리핀의 가난한 항구 마을에 복음을 심으려고 한 목사님 가정이 들어갔다. 그 마을엔 선원들에게 딸들을 보내 돈을 버는 가정이 많았다. 소망이 없고, 살고자 무슨 짓이든 해야 했던 그 마을에서 한 아이가 예수님의 이야기를 듣고 교회를 찾게 되었다.

이 아이는 집이 너무 가난해서 신발 없이 길을 다녀야 했다. 그런데 교회를 다녀오는 그 모습은 밝고 환했다. 길에 서서 아이를 지켜보던 한 할아버지가 아이에게 물었다.
"넌 무엇 때문에 그리 웃고 다니니?"
아이가 대답했다.
"예수님이 나를 사랑하시는 걸 알기 때문에 너무 행복해서요. 할아버지도 예수님을 믿어보세요."
"얘야, 예수님이 너를 그렇게 사랑하는데 너는 왜 맨발로 다니니? 그가 네게 실제로 해주는 게 뭐니?"
할아버지가 퉁명스럽게 쏘아붙였다.

그런데 그다음에 아이가 한 말에 큰 충격을 받았다. 그래서 교회를 찾게 되었고, 세례를 받고 나서 간증을 하게 되었다. 그때 아이가 한 말을 온 교인들이 듣게 되었다.
"할아버지, 예수님은 이미 제 신발도 준비해주셨어요. 단지 제가 그것을 전달해줄 사람을 못 만났을 뿐이에요."

이 어린아이가 예수님에게 건 기대를 우리도 갖고 있다면 하나님께서 우리에게 기대하시는 게 무엇인지 알게 될 것이다.

Part 3

목마름의 이유

두려움에 직면하여 드리는 고백

CHAPTER 6

안정감의 문제

의지하는
대상

상황이 어려워질 때 나타나는 반응을 보면 우리가 의지하는 대상이 누구인지가 드러난다.

풍랑이 일어나자 배 위에서 동요하던 제자들을 향해 예수님은 그들의 믿음이 작은 것을 책망하셨다. 믿음은 있으되 그것이 상황을 다스리지 못하고 동요를 막을 정도로 크지 못한 것을 책망하시는 말씀이다.

상황보다 하나님을 바라보고 그분이 하실 일을 기대하는 것이 믿음이다. 우리가 하나님을 바라볼 때 내면에 안정감이 자리 잡으면서 삶에 균형이 생긴다.

막내 정연이가 만 세 살을 지날 무렵, 밤에 자기 전에 떼쓰고 우는 버릇이 있었다. 아내와 함께 아이의 고집을 꺾으려다 급기야 회초리를 들었다.

하지만 아이가 맷집이 좋아서 여간 맞아서는 항복하지 않았다. 고집을 꺾으려다 보니 아이를 심하게 때렸다. 아이는 울고 버티다가 기력이 다해 쓰러져서 바로 잠이 들었다.

그날 이후, 아이는 우리 방에서 자지 않으려고 도망을 다녔다. 아내를 도와서 막내아이를 돌봐주는 현지인 자매가 있었는데 아이가 그 자매의 방으로 가서 자려고 했다. 방의 불을 끄면 울면서 그 방으로 달려갔다.

자매 방에서 잠든 아이를 우리 방으로 데려와서 누이면 자다가 깨서 서럽게 울며 다시 그 방으로 달려갔다. 그렇게 며칠을 반복했다. 자기를 때리지 않고 받아주기만 하는 자매를 피난처로 여겼던 모양이다.

우리 부부는 유대인들이 4세 전에는 매를 대서 아이를 훈육한다는 내용을 접하고, 아이들이 어렸을 때는 순종하는 법을 매로 가르쳤다.

첫째와 둘째는 성품이 유순해서 보통은 매를 들기 전에 꼬리를 내리곤 했다. 그런데 셋째와 넷째는 달랐다. 이전 경험이 새로운 아이에게는 적용되지 않음을 느낄 때 우리는 원점으로 돌아가서 훈육의 기초를 점검해야 했다.

막내를 보면서 내가 무언가 잘못을 했다는 생각이 들었다. 아내와 함께 무엇이 문제인지를 묻고 구하는 시간을 보냈다. 아내가 내게 말했다.

"아이를 때리기 전에 먼저 어떤 상황에도 우리가 무조건적으로 자신을 사랑한다는 확신을 주어야 하는데 그렇게 하지 못했어요. 부모의 조건 없는 사랑을 이해하지 못한 상황에서 매로 훈육하면 부모에게 두려움을 갖고 부모의 사랑을 오해할 수 있음을 알았어요."

우리는 잘못을 저지르는 순간, 하나님께 혼날지 모른다는 생각에 두려워하며 그분과 거리를 두고자 한다. 하나님의 성품을 오해한 나머지 그분 곁으로 나아가기보단 다른 존재를 통해 대신 안정감을 누리려는 경향이 생긴다.

막내 정연이가 자매 방에서 자려 했던 건 그 자매를 통해 부모에 대한 불안감을 해소하고 안정감을 느끼고 싶어서였다. 자매는 자기가 해달라는 대로 다 해준다는 걸 이미 파악했기에 자신이 조종할 수 있는 존재 옆에 머물면서 안정감을 느끼려 한 것이다. 그런데 아이의 이런 전략에는 근본적인 결함이 있었다.

첫째, 가정의 가장 높은 권위는 아버지에게 있다는 사실이다. 아무리 자매를 통해 자기를 보호하려고 해도 훈육하고 책임지는 궁극적인 권위는 아버지에게 있다. 그래서 결국 자신의 안위나 훈육에 대한 문제만큼은 아버지의 권위를 따를 수밖에 없다.

둘째, 아이는 자매와 언제까지나 같이 있을 수 없고, 정해진 기간 동안만 함께할 수 있다는 사실이다. 자매가 아이에게 잘

해주는 이유는 아이를 좋아해서이기도 하지만 일차적으로는 돈을 벌기 위해서이다. 엄마, 아빠 때문에 잘해주는 것이다.

실제로 얼마 후에 우리가 자카르타에서 벗어나 근교 마을로 이사하게 되었을 때, 자매는 시골로 가서 일하기는 싫다며 이사 가기 전까지만 일하겠다고 말했다. 그녀가 언제까지나 아이를 지켜줄 수 없고, 함께할 수 있는 기간이 제한되어 있는 것이다.

그런데 문제는 우리가 아무리 아이에게 '사랑하기 때문에 혼내기도 한다'고 말해도 아이가 바로 이해하는 건 아니라는 데 있다. 아이에게 몇 번 말한다고 끝나는 게 아니라 경험하고 느끼는 시간이 필요하다. 오랜 관계 속에서 시간을 두고 서로 이해하게 된다.

불편한
진실

정연이의 문제에 하나님과 우리의 관계를 설명해주는 무언가가 있다. 우리가 교회 안에서 먼저 배우고 경험해야 할 내용은 무한한 하나님 아버지의 사랑과 그분의 성품이다. 우리가 어린아이처럼 오래 그분의 마음과 성품을 누리면 자연스럽게 삶도 그분을 닮게 된다.

하나님이 아닌 다른 대상에서 삶의 안정감을 찾으려 하더라도 그것은 우리에게 진정한 안정감을 주지 못한다. 아브라함이 경험한 기근은 그가 삶의 안정감을 어디에서 찾고 있는지를 묻기 위함이었다.

어려움의 순간에 우리가 진짜 의지했던 게 드러난다.

복음을 체험하고 누리면 가장 먼저 하나님과 관계가 회복된다. 하나님 안에서 자신이 누구이며 그분이 자신을 어떤 관점에서 보고 계신지를 경험으로 이해하는 것이 새로운 피조물로 변화되는 첫 단계이다.

하나님을 누리지 못하는 사람은 아버지 없는 아이가 정서적으로 경험하는 어려움 속에 살아갈 수밖에 없다.

부모의 사랑을 받고 건강하게 자란 아이에게는 소속감, 만족감, 안정감, 자존감, 의로움의 다섯 가지 감정이 내면에 자리잡는다. 이것이 결여될 때 나타나는 감정이 거절감, 배고픔, 불안감, 열등감, 죄책감이다.

그런데 가정적으로 안정되어 있고 좋은 부모를 가졌다고 해서 이 모든 감정에서 자유로운 건 아니다. 궁극적으로는 가장 완전한 부모님 되신 하나님을 만나고 경험하고 누리며 자유 안에서 온전한 아들로서의 정체성이 형성될 때, 비로소 이런 부정적인 감정에서 놓여나게 된다.

신앙생활을 오래 했어도 하나님의 사랑과 은혜를 지속적으로 누리지 못한 경우에는 여전히 이런 감정들이 일으키는 두려움에 묶여 충동적으로 반응하거나 다른 어떤 존재에 중독되거나 결박된다.

인도네시아에 와서 생활한 3년의 시간 동안 내 생각과 태도와 반응에 있어서 복음적이지 못한 영역들이 있었음을 보게 되었다. 실은 인정하고 싶지 않고, 묻어두고 싶은 부분들이다.

앞서 낸 몇 권의 책을 통해 복음적인 삶에 대해 독자들과 나누고, 그것을 강의해온 내 삶과 생각 가운데 여전히 복음적이지 않은 것들이 있음은 당혹스럽고 불편한 진실이다.

어차피 이 부분들은 나만 알고 있는 것이고 다른 사람들은 알아채기 어렵기에 나만 침묵하면 밖으로 알려지지 않을 것이다. 그저 하던 대로 집회에서 말씀을 전하고, 은혜를 나누면 될 일이다.

결국 내가 전하는 말씀은 진리이고, 내가 경험하여 고백했던 부분들이기에 다른 사람들은 그 말씀에 은혜를 받을 것이고, 그러면 그것으로 충분하지 않나 싶었다. 하지만 이것들이 해결되지 않으면 결국 내 내면이 상하고, 감정이 메마르고, 행복감이 사라지면서 관계에도 선한 영향력이 흘러가지 못함을 나는 체험으로 알고 있었다.

Dance for me 2015

어려움의 순간에

우리가 진짜 의지했던 게 드러난다.

두려움
을
직면함

인도네시아에 와서 내 내면 깊숙한 곳에 여전히 해결되지 않은 두려움이 남아 있음을 깨달았다. 사역의 실패와 그로 인한 나를 둘러싼 사람들의 좌절에 대한 두려움이었다.

몽골에서는 나 혼자 모든 책임을 지는 사역을 한 건 아니었다. 부총장이라는 직책은 울타리가 있는 자리였다. 나는 사역자들을 돌보고, 어머니의 역할을 하면 되었다. 학교 허가나 정부 관계, 학교를 대표해서 모임을 갖고 결정해야 하는 일로부터 보호받을 수 있었다.

하지만 인도네시아에서는 사역의 궁극적인 책임을 스스로 져야 했고, 함께한 사역자들이 나만을 바라보는 상황이 되었다. 그 책임감이 너무나 버겁게 느껴졌다. 내 사역이 실패로 끝나서 나를 바라보는 사람들과 후원해주는 분들에게 실망을 안겨줄지 모른다는 불안이 있었다.

실은 이 사역을 시작하기 전에 하나님께서 반복해서 주신 약속이 있었다. 예비하신 수많은 도움의 손길을 만나게 될 거라는 말씀이었다.

인도네시아에 들어가기 전에 한국의 모교회인 목양교회에서 말씀을 전한 날이었다. 한 여집사님이 눈물을 떨구며 내게 말씀하셨다. 기도 가운데 내가 보였는데 내 주변에 성령의 불이 떨어지고 있었고 그 아래 '인도네시아'라는 단어가 씌어 있었다는 것이다.

그때까지 집사님은 내가 몽골에서 사역하는 것으로 알았기에 잘못된 그림을 본 줄 알고 낙담했다고 한다. 그런데 집회 때 내가 인도네시아로 부르심을 받아 간다는 말을 듣고 자신이 본 것이 맞았음을 알고 감사해서 눈물이 흐른다고 했다.

한번은 인도네시아를 방문한 한 선교사님 가정과 학교 부지를 방문할 때였다. 사모님이 눈물을 글썽이며 말했다.

"전날 예배 중에 기도하는데 구릉으로 둘러싸인 평지 한복판에 선교사님이 서 있는 걸 보았어요. 이곳이 바로 그곳이네요."

나와 동역하는 사역자들에게 그 나눔이 큰 위로가 되었다.

이미 수많은 믿음의 역사를 경험했으면서도 환경은 여전히 날 두렵게 하는 요소였다. 하나님의 신실하심과 그분의 약속을 바라보다가도 어느새 환경과 내가 가진 자원을 보고 있었다. 슬그머니 하나님 대신에 다른 걸 붙잡으려 하고 있었다. 내 노력으로 강해져서 사역과 나를 보호하고 싶었다.

《내려놓음》에는 사역의 결과를 하나님께 맡기고 내려놓아야 한다고 쓰고는 내가 나눈 내용과 다른 삶을 살고 있었다. 내가 사역을 잘하고, 사역이 순조롭게 전개되어 허가가 떨어지고, 재정이 들어오고, 사역자들이 늘어나면 행복할 수 있을 것 같았다. 실제로 그런 순간에 나는 기뻤다.

그러나 그런 행복감은 상황이 바뀌면 금세 사라졌다. 언제든 우울함이 나를 찾아올 수 있었다. 결국 사역의 성취가 비록 하나님나라를 위한 것으로 포장되어 있더라도, 내 자아와 밀착되어 내게 안정감을 주는 우상으로 작용하는 한 나를 궁극적으로 행복하게 해줄 수 없었다.

하지만 환경이 아닌 하나님의 신실하심에 시선을 고정하고 그분의 인도하심을 구하면 우울함이 곧 사라졌다. 내 사역의 성패와 무관하게 나를 사랑하시는 하나님만이 내게 유일한 안정감의 근원이 되심을 다시 한 번 고백했다.

그분을 계속 신뢰할 수 있으면 내가 무엇을 얼마만큼 이뤄놓았는가와 무관하게 나는 이미 성공한 사람이다. 다른 사람이 아닌 하나님관점이 내 눈을 사로잡을 때 비로소 그분께 눈이 멀어 상황이나 주변을 보고 흔들리지 않게 된다.

또 실패에 대한 두려움은 수치를 당할까 봐 두려워하는 마음과 연결되어 있음을 깨달았다. 나는 하나님으로부터 이미 많은 것을 받았음에도 여전히 내 연약함과 결핍이 다른 사람들 앞에 드러나는 걸 두려워했다. 이것은 내가 사역을 잘 수행할 때는 나타나지 않는 것처럼 보였다.

하지만 그것은 선악과를 먹은 아담의 후예들에게 인이 박여 있다. 하나님을 자신의 유일한 공급으로 보았던 아담이 하나님으로부터 독립된 존재가 되려고 했을 때, 가장 먼저 발견한 건 자신이 아무것도 아닌 존재라는 사실이었다. 아담은 그것을 가려보려고 나뭇잎을 사용했다. 하지만 임시방편일 뿐이었다. 잎은 쉽게 마르고 찢어졌다. 계속해서 자신의 부족함을 가리기 위해 새로운 나뭇잎이 필요했다.

나는 체질적으로 부끄러움을 타는 편이고, 잘 모르는 많은 사람과 함께 있는 걸 힘들어한다. 내가 집회 사역을 위해 한국 등지로 나가면 사람들이 종종 나와 사진을 찍거나 사인을 받거나 대화 나누기를 원한다. 그러면 나는 그들에게 '시골에 사는 아저씨' 같은 사람을 굳이 특별히 봐주실 이유가 뭐가 있냐고 묻곤 한다.

나는 스스로를 정말 그렇게 생각하고 있었다. 그래서 교만의 죄에 빠지지 않을 거라고 자부하기도 했다. 그러나 내 내면 깊은 곳에 내가 아무것도 아닌 존재로 여겨질 것에 대한 불안감이 있다는 걸 깨닫는 계기가 있었다.

새로운 사역지인 인도네시아에 와서 언어를 배우고 환경에 적응하면서 각종 허가와 재정을 기다려야 하는 시기였다. 그때에도 바쁘게 살긴 했지만 특별히 한 목표를 향해 집중해서 달려가고 있다는 생각이 들지 않았다.

아침에 일어나 그날 꼭 해야 할 일이 생각나지 않는 때가 있었다. 책을 읽고, 묵상하고, 언어를 공부하고, 누군가와 만나는 등 여러 가지 일이 있었지만 꼭 무언가를 정해진 시간 안에 끝내야 한다는 생각은 없이 하루를 보내곤 했다.

'내가 여기서 무엇을 하고 있나? 어떤 목적을 향해 나아가고 있나?'

간혹 이런 부분이 선명하지 않았고, 내가 하는 일을 스스로에게 설명하기도 어려운 시기였다. 새로운 지역에 들어와 준비하던 때여서 이런 과정은 당연히 겪어야 했지만, 밀도 있는 시간을 살아가는 데 익숙했던 나는 몸에 맞지 않는 옷을 입고 있는 것처럼 느껴졌다.

CHAPTER 7

내면의 문제 직면하기

숨기고
싶은
약점

인도네시아에 들어오기 전에 나는 세계적인 선교전략가인 루이스 부시 박사로부터 세계변혁회의(Transform World Summit)에서 교육분과를 맡아달라는 제안을 받았다. 그 후 몇 차례 회의를 섬긴 바 있었다. 초기에 그 회의를 앞두었을 때는 불안과 동시에 회의에 참석하기 싫은 마음이 강했다.

감정상으로 패닉 반응이 일어나면서 준비를 할 의욕도 없어졌다. 점점 우울해지고 내 얼굴이 밝지 않았다. 하나님의 은혜와 주변의 협력으로 첫해 회의는 무사히 마칠 수 있었다. 그런데 그다음 해의 회의를 앞두고도 동일한 반응이 나타났다.

그 회의에서 나는 교육을 통해 우리가 당면한 과제들이 무엇이고 어떻게 풀어갈 것인가를 발표해야 했다. 나는 그것이 내 개인적인 역량을 넘어서는 큰 부담이라고 느꼈다. 또한 4시간 정도의 토론과 회의를 준비하여 전 세계에서 온 교계 지도자들을 대상으로 영어로 회의를 진행하고 결과를 만들어내야 했다.

그동안 이런 국제회의에 참석도 못 해봤고, 진행을 위한 영어 실력도 부족한 내가 진행을 맡게 된 것 자체가 큰 부담이었다. 그 일을 맡긴 분은 내가 미국에서 박사학위를 받았고, 한 대학교에서 부총장 역할을 오래 했기 때문에 내가 적임자라고 생각했던 것 같다.

하지만 그 일을 맡고 보니 격에 맞지도 않고 자격도 없는 내가 그 자리에 있다는 생각에 두려움이 몰려왔다.

첫 회의를 무난히 끝냈다는 사실도 2년 후에 열린 두 번째 회의에 참석하는 내게는 안정감을 주지 못했다. 회의를 앞두고 불안하면서도 준비할 의욕도 생기지 않았다. 회의 준비와 관련해 날아오는 이메일도 열어보고 싶지 않았다.

급기야 몸이 아프다는 핑계로 불참을 통보하고 비행기 표를 취소하고 싶은 충동도 일었다. 그러던 중 문득 하나님의 자녀로서 살아가는 내게 이것이 건강한 반응이 아니라는 생각이 들었다.

묵상 가운데 여유를 가지고 내가 왜 이런 반응을 보이는지 점검하기로 했다. 두려움 가운데 하나님의 빛이 내 내면을 조명하시도록 초청했다. 그러면서 이미 해결한 줄 알았던 문제가 다시 나를 찾아왔음을 알게 되었다.

표면적으로는 정리가 되었지만 내면 깊숙한 곳에 해결되지 않은 문제가 특정 상황이 되자 수면 위로 올라왔다. 그것은 수치심과 거절감과 관련된 영역이었다. 내가 다수로부터 자격이 없고, 능력이 없고, 별 볼 일 없는 자라고 여겨지거나 무시를 당할까 봐 불안해하고 있었다.

인도네시아에서도 내 안의 이런 불안감을 잠재우고 내가 가치 있는 일을 하고 있음을 확증하는 도구가 필요했는지 모른다. 내가 세계변혁회의를 섬기기로 결정한 이유가 하나님을

위한 것이기도 했지만 동시에 나 자신의 가치를 확인하려는 것이었을지도 모른다는 생각이 들었다.

그런데 내가 잘할 수 없을 것 같다는 생각이 들자 내면이 무너지는 느낌이 들었던 것이다.

이 문제의 근원에는 내 성과와 성취에 의해 내 존재의 가치가 결정된다는 생각이 있음을 깨달았다. 그것은 사탄이 주는 생각이다. 성과와 성취에 안정감의 근거를 두면 어느 누구도 불안할 수밖에 없다.

내면이 건강하지 않으면 심지어는 어느 분야에서 정상의 자리에 있더라도 끊임없는 불안에 시달릴 소지가 크다.

내가 불안할 때는 하버드대의 박사과정을 졸업했다는 사실도 전혀 안정감을 주지 못했다. 책을 써서 유명해졌다는 자의식도 내 불안을 누르지 못했다. 내 건강하지 못한 반응의 이면에는 건강하지 못한 정체성이 자리 잡고 있었다.

정체성과 정서적 안정감의 기초를 '하나님이 나를 어떻게 보시는가'에 두지 않은 것이다. '다른 사람들이 나를 어떻게 보는가'에 관심을 기울이다 보니 무의식 중에 그들에게 내가 괜찮은 사람이라는 걸 증명해 보이려고 성취에 관심을 집중하게 되었다. 그것이 내 불안의 진짜 이유였다.

안정감
의
유일한
대상

나는 어떤 존재이든지 이미 하나님의 사랑을 받은 자이다. 그분이 '너는 내 것이라'고 말씀해주신다. 그것이 내 정체성의 기초가 되어야 한다. 내가 어떤 모습이든지 이미 그분이 인정하고 사랑하시는 존재이다.

하나님께서는 내가 약한 것을 아시고 나를 도우실 준비가 되어 있는 분이다. 그분 자신을 통해서만 내가 온전함에 다다를 수 있고, 부족함 없이 만족감을 누릴 수 있다는 걸 아신다.

그 사랑에 내 안정감의 기초를 놓을 때, 내 어떠함에도 불구하고 다른 사람들과 관계에서 평안을 누릴 수 있다. 더는 내가 누구인지를 증명할 필요도, 사람들의 인정을 받으려 노력할 필요도 없다. 나를 향한 그들의 평가가 어떠하든지 나는 그들을 도울 수 있고, 하나님의 은혜를 나눌 수 있다.

이 사실을 고백하고 나자, 그 국제회의를 앞두고 가졌던 불안이 순식간에 사라졌다. 내 성취가 중요한 의미를 갖지 않게 되자 놀랍게도 평온함과 행복감을 되찾을 수 있었다. 그래서 나는 그 회의에 필요한 준비를 짧은 시간 동안 마쳤고 편안함 가운데 내가 나누고자 한 것들을 잘 나눴다. 또한 좋은 돕는 자들을 붙여주셔서 회의 진행을 잘 마칠 수 있었다.

이런 과정 가운데 내 감정적 반응을 관찰하면서 발견한 사실이 있다. 한국에서 이미 나를 알고 인정해주는 사람들 사이에 있을 때는 편안한 모습과 감정 상태를 유지할 수 있었다.

반면에 다시 외국에서 나를 모르는 사람들 사이에서 사역을 일으켜야 하는 경우에는 막연한 불편함과 불안감이 올라오곤 함을 깨달았다.

돌아보면 내가 미국에서 공부하던 시절, 내 안에 건강하지 못한 정서적 반응이 있었다. 그리고 세계변혁회의를 앞두고 보인 반응이 그때의 반응과 연결되어 있음을 감지했다.

영어가 부족한 외국인인 내가 감당하기에 버거울 정도로 대학원의 첫해 수업에서 주어지는 과제가 많았다. 그래서 필독도서 목록에 있는 책을 다 읽지 못하고 발췌해서 읽을 수밖에 없었다. 어떤 때는 토론 주제를 충분히 이해하지 못한 채로 수업에 들어가야 했다.

그럴 때면 내 부족한 부분이 교수님과 동료들 앞에 드러날까 전전긍긍하며 수업 시간을 보냈다. 수업을 즐기며 새로운 것을 배우기보다는 내 약점을 감추고 괜찮은 학생으로 보이기 위해 그럴싸한 질문과 대응법을 짜내려고 노력했다.

수업 시간 내내 내 숨은 주요 과제는 약점을 드러내지 않고 방어하는 것이었다. 수업에서 성취감을 느끼면 잠시 으쓱해지는 반면에 바보 같은 내 모습을 보면 위축되는 그런 시간이 한동안 계속되었다.

그 시기에는 주변 사람들을 대상으로 내 내면의 안테나가 계속해서 작동했다. 중고등학교 시절, 한국에서 학교를 다니면서 만들어진 고성능 안테나였다. 그것은 누가 반에서 제일 잘나가는지, 나보다 못한 친구는 누구인지를 파악해서 내 위치를 확인시켜주는 기능을 했다.

혹여 내가 가진 약점이 커 보여서 불안해지면 나는 학과의 외국인 동기들 가운데 내게 우호적인 친구들을 집에 불러 대접하곤 했다. 그렇게 호의를 베풀며 그들의 환심을 사고 싶었던 것 같다. 친구를 대접하고 가까이하는 것이 그들을 섬기기 위해서라기보다는 내 안정감을 위해서였던 것 같다.

당시 나는 교회에 다닌다는 이유로 집안 어른들로부터 다양한 형태의 압박과 미움을 받고 있었기에, 내가 안전하게 머물 수 있는 공간과 관계에 대한 갈구가 있었던 것 같다. 어쩌면 그들과 같이 있는 시간을 누리기보다는 내 안정감을 위해 그들에게 투자한 것일지 모른다. 관대함과 호의를 베푸는 행위도 때로는 자신의 불안감을 해소하고 안정감을 쌓기 위한 수단으로 이용될 수 있음을 보았다.

목회자에게 식사 대접을 잘하고자 하는 마음 가운데도 자칫 하면 우리의 영적 불안감이 작용할 수 있다. 왠지 하나님과 친밀한 것처럼 보이는 누군가와 가깝게 있음으로 해서 위로를 받고 대리만족과 안정감을 누리려는 의도가 그 밑바닥에 있을 수 있다.

목회자를 대접하는 건 좋지만 잘못된 동기로 대접하는 건 자신에게 유익이 되지 못한다. 후에 불안감이 자신을 흔들어놓으면 목회자를 조종하려 하기 쉽고, 또 자신이 원하는 결과를 얻지 못한다고 느낄 때 분노하게 되며 관계가 상할 수 있다.

My Story 2015

○

하나님께서는 내가 약한 것을 아시고
나를 도우실 준비가 되어 있는 분이다.

불안
의
위협

우리가 불안감 때문에 삶에 만족하지 못하고 자존감이 낮아지면 자꾸 다른 사람과 자신을 비교하게 되고, 그 가운데 잘나가는 듯한 사람을 부러워하게 된다. 한편으로는 왠지 그와 가까이하고 싶기도 하다. 하지만 다른 한편으로는 그들이 잘되는 것을 보는 게 기쁘지 않다.

자신보다 못하다고 생각했던 사람이 잘되는 것처럼 보이면 불편하고 힘이 든다. 혹 누군가가 나를 무시하는 듯한 표정을 지은 것처럼 보이면 분한 마음에 그 사람과 원수가 되기도 한다. 그런 관계에 접어들면 그를 마음에서 놓아주지 못하거나 관계를 풀어가지 못한다.

단체에서 안정감을 얻기 위해 자신에게 붙는 직함에 집착하거나 조직에서의 자신의 지위나 서열에 관심을 가진다. 또는 지도자나 주변 사람들에게 칭찬받고자 열심 있는 모습을 보이고 싶어 한다.

하지만 원하는 보상이 주어지지 않으면 도리어 원한을 품고 험담을 한다. 자신의 내적, 외적 궁핍함을 조직이나 공동체 또는 지도자의 문제로 전가하기 위함이다.

이런 궁핍함 가운데 우리에겐 자신이 존중받고 인정받는다고 생각되는 안전한 관계 속에만 머물려는 경향이 생긴다. 가정이나 교회 공동체에서 자기가 편한 방식으로 머물러 있기 위해 고집을 부리기도 한다.

교회에서 자신이 은혜를 받는 방식을 고집하며 계속 고수하려고 하거나 어떤 새로운 흐름이나 문화를 받아들이고 싶어 하지 않는 태도의 배후에도 이런 불안감이 있을 수 있다.

그렇게 되면 자신과 다른 견해를 가진 사람들을 잘 용납하지 못하고 의심하기 쉽다. 그리고 자신을 지적하고 교정하려는 사람에게 분노하게 된다. 영적으로 완고해져서 심지어 성령님의 교정에도 반응하고 싶어지지 않는다.

교회 안에서 유난히 교리에 집착하거나 누가 맞는지를 따지는 태도 역시 영적 불안과 관계가 있다. 하나님과 관계에 있어서 자신이 없을 때, 자신이 믿는 방식이 옳다는 사실을 증명하고 싶어 한다.

누군가에게 전도하다가도 상대방이 자신의 설명에 반박하는 경우에 화를 내며 논쟁을 하는 것도 비슷한 원리다.

선교사가 사역지에서 오래 사역하다 보면 하나님의 은혜보다 사역에 대한 부담이 더 커 보이는 시점이 있다. 그 사랑 때문에 사역을 시작하게 되었는데 시간이 지나다 보니 세상의 시각으로 자신이 낸 성과에 근거해 자신을 평가하고 규정한다. 복음으로 시작했는데 육으로 마치게 되는 것이다.

결국 복음 안에서 하나님께서 주신 사랑과 은혜를 기억하고, 그분이 보시는 눈으로 자신을 볼 때만 안정감의 근원적인 문제를 해결할 수 있다.

자녀를 교육할 때도 남을 의식하게 하고 경쟁에서 이길 것을 강조하면 아이들의 영혼이 메마른다. 경쟁과 성적과 성과를 강조하는 교육에서 아이들은 복음적 진리와 자유를 누리는 법을 배우지 못한다.

그저 낙오되지 않으려는 불안에 이끌려 그들의 삶을 채워간다. 두려움에 이끌려 하는 공부는 그들에게 만족감과 행복감을 주지 못한다. 경쟁적인 교육 환경 안에서는 전교 일등부터 꼴등까지 모두가 불행해진다. 일등조차 그 자리를 빼앗길까 봐 불안해 한다.

명문대 교수 중 많은 수가 열등감과 불안감으로 이상행동을 하거나 정서적 불안을 학생들에게 표출하는 걸 보아왔다. 그들은 남들에 비해 경쟁에서 앞서 있는 듯 보이지만 여전히 불안이 그들의 삶과 가정과 일터에서 관계를 위협한다.

부모가 자녀의 미래에 대한 불안감에 이끌려 아이들을 경쟁적으로 교육시키려 하면 아이들은 불행해진다. 왜냐하면 불안해하는 부모는 결과물로서의 자녀의 성과에 집착하기 때문이다. 자녀가 자신의 수준에서 아무리 최선을 다해도 불안해하는 부모를 충분히 만족시킬 수 없게 된다.

결국 자녀는 부모와 관계에서 안정감을 느끼지 못하고 좌절하며, 더 나아가 부모를 원망하여 관계가 뒤틀어지기 쉽다.

내게로 날아 왔네 2015

○

회복될 거라는 기대 없이
감내해야 하는, 쉽지 않은 기다림의 시간이었다.

CHAPTER 8

거절에 대한 두려움

복음을 삶에 적용하기

내게는 또 다른 종류의 두려움이 복합적으로 있었다. 거절당할지 모른다는 두려움이었다. 사역 초기에 나는 자카르타연합교회의 초청을 받아서 교회 안에 사무실을 갖게 되었다. 그리고 캠퍼스 부지를 기증받았고, 사역을 시작하는 데 중요한 도움을 받았다.

한편 초기에는 교회 안에서 이 교육 사역을 내게 이양하는 것에 불편한 마음을 가진 분들도 있었다. 아마 내 동기를 신뢰하지 못하셨을지도 모른다. 그 시기에 나는 교회에서 이미 교인들에게 잘 알려져 있었지만 이상하게도 교회 안에서 외로움을 느끼곤 했다.

실은 나는 현지 교회의 도움을 받고 있었기에 다른 선교사들에 비해 훨씬 안정감을 누릴 수 있는 상황이었다. 그럼에도 단지 일부로부터 느끼는 거절감으로 외로움이 찾아올 수 있다는 사실을 깨달았다.

외로움은 내면의 건강함과 관련된 문제이다. 외적으로 얼마나 많은 사람에게 둘러싸여 있는가와 무관하게 우리의 내면에 찾아올 수 있다. 또한 마음이 건강하지 않은 상태로 오래 있게 되면 군중 속의 고독감을 느끼며 누군가로부터의 따뜻한 배려를 갈구하게 된다.

그러던 중에 혹 어떤 이성이 따뜻한 말을 건네거나 자신의 말에 공감해주면 확 끌리게 된다. 그 배려를 다른 관점으로 해석하거나 이기적으로 악용하려는 욕구가 생기면서 왜곡된 애착으로 발전시키고 싶은 충동이 찾아올 수 있다.

믿음에 대해 설교하고는 여전히 불안해하는 내 모습을 직면할 때 오는 자괴감이 있었다. 설교를 하고 글을 쓰는 사람으로서 내 온전하지 못한 모습이 걸림돌이 되기도 했다. 이때 내게 필요한 것은 내 실체를 인정하고, 하나님 앞에 내어드리는 것이었다.

복음의 실재를 경험하지 못하면 우리는 껍데기에 둘러싸여 살아간다. 내면 깊숙이 자리 잡은 자아의 누추함과 불안함의 실체가 드러날까 두려워 칭찬받을 만한 것으로 자신을 치장하려고 한다. 예절, 외모, 능력, 주변 사람의 인정, 물질적 번영, 편안한 삶의 환경, 일과 학업과 사역의 성공 등.

더욱이 영적인 영역에서도 하나님께 이렇게 외식하는 태도로 다가가는 경우가 있다. 이것이 영적인 메마름과 장기 침체의 원인이 된다. 교회에 다니지만 변화도 없고 충만함도 느끼지 못하며 여전히 하나님께 두려움이 있는 상태이다.

예수님은 마음이 가난한 자는 복이 있다고 말씀하신다. 내면의 누추함을 드러내고 부족함과 모자람을 인정하는 게 우리에게 복이 된다는 말씀이다.

하나님의 위로의 복을 누리기 원한다면 초라한 모습 그대로

그분 앞에 나아가야 한다. 그 모습조차 사랑한다고 말씀하시는 그분의 음성을 마음으로 느껴야 한다. 그럴 때 자신의 있는 모습 그대로를 수용하고 사랑할 수 있다.

우리의 약함이 건강하게 드러나고 받아들여지는 과정을 통해 세상이 흔들 수 없는 강함을 얻을 수 있다.

예수님은 진리를 알면 진리가 우리를 자유케 한다고 말씀하신다. 복음 안에서 하나님의 사랑을 깊이 깨닫고 마음을 열어 그 진리를 누릴 때 우울, 열등감, 거절감, 외로움, 불만족, 불안감 등에서 자유하게 된다는 의미로 해석될 수 있다.

우리가 복음을 삶의 구석구석에 적용하며 복음적이지 못한 내 삶의 영역들을 그분의 빛에 노출할 때, 부정적이고 불안한 감정이 스러지고 평안과 만족감과 안정감이 나를 둘러싸게 된다.

마음밭 갈아엎기

한번은 동연이가 죄책감으로 괴로워했던 적이 있다. 그때 내게 울면서 이렇게 물었다.

"아빠, 죄를 지으면 안 된다는 걸 아는데 자꾸 죄를 짓게 될 때는 어떻게 해야 해요?"

어쩌면 우리 가운데 반복적으로 제기되는 보편적인 질문일 것이다. 불안해하지 말아야 하는 걸 알면서도 자꾸 불안해질 때 이것을 어떻게 이해해야 할까?

시간이 지나고 깨달음이 생기면서, 이것은 밭을 가는 것과 비슷한 원리로 이해할 수 있겠다는 생각을 했다.

봄에 밭을 갈고 농작물을 심고 난 후, 겨울이 지나면 땅이 녹으면서 더 깊숙한 곳에 있던 돌들이 올라온다. 그러면 다시 그 돌들을 제거하기 위해 밭을 갈아야 한다. 다음 해에도 밭을 또 갈아서 올라오는 돌들을 제거해야 한다. 이렇게 여러 해 같은 일을 반복해야 한다.

우리가 문제를 가지고 하나님께 나아가면 일차적으로 표면에 드러난 우리의 죄의 문제를 수술해주시고, 만져주시고, 치유해주신다. 그러나 시간이 지나면 더 깊숙한 곳에 있던 문제들이 차례로 올라온다.

그것들은 하나님께서 지속적으로 다뤄주셔야 한다. 진리가 우리 삶에 깊숙이 스며들고, 우리가 그 진리에 자연스럽게 반응하며 살아가기까지 여러 번 다뤄주셔야 한다. 그렇게 우리의 내면이 깊이를 더해가면서 지속적으로 더 깊은 치유를 누리기에 이른다.

깊은 병의 경우 먼저 증상을 다스리고 어느 정도 회복된 후에 더 깊숙한 병의 뿌리를 다루어가야 하듯이, 하나님께서 우리의 문제를 다루실 때도 시간의 간격을 두고 깊이를 더해가시는 걸 본다.

예수님의 임재 안에 거할수록 내 자아는 계속 작아진다. 불안하던 자아가 십자가에 드러지는 과정을 통해 우리는 무한한 하나님의 영광을 경험한다. 이것이 내려놓음의 과정이다. 내려놓음은 일회적 사건으로 끝나는 게 아니라 그분의 임재로 나아가는 연속적인 과정이다. 그 가운데 살아가는 게 은혜이다.

아브라함이 인도하심을 받은 가나안은 약속의 땅이기도 했지만 기근이 기다리고 있는 땅이었다. 후대의 이스라엘 자손들에게 그곳은 젖과 꿀이 흐르는 땅인 동시에 아낙 자손과 같은 거인들과 전쟁해야 하는 땅이기도 했다.

기근과 전쟁 가운데 우리의 죄성이 드러난다. 우리가 싸워야 할 궁극적인 대상은 기근과 거인들이 아니라 내 안에 있는 죄다. 그것을 보기까지 고난과 좌절과 아픔의 시간이 요구된다.

마음이 무너졌을 때에야 어느새 하나님이 아닌 나 자신을 바라보고 있음을 확인했다. 번번이 넘어지고 좌절할 때 내 기대의 시선은 어김없이 내 능력과 소유에 머물러 있었다.

기근과 고난은 나 자신을 바라보고 주목하는 삶에서 하나님을 바라보는 삶으로의 전환을 위해 하나님께서 우리에게 선물로 잠시 허락하시는 도구다.

나란한 시간 2015

○
마음이 무너졌을 때에야
어느새 하나님이 아닌
나 자신을 바라보고 있음을 확인했다.

고을을 다스릴 자

하나님께서 아브라함을 가나안 땅으로 보내시고, 그 삶 가운데 어려움을 계속 허락하신 이유가 무엇일까? 이것은 우리를 이 땅 가운데 두시고 훈련을 통해 성장시키시려는 이유와 맞물려 있다. 예수님의 재림 후에 그분의 동역자로서 이 세상을 통치하는 자로 세우시려는 것이다.

누가복음에 보면 예수님이 열 므나 비유를 말씀하신다(눅 19:11-27). 예루살렘으로 가는 마지막 여정 중에 여리고를 지나면서 말씀하셨다. 여정을 시작하시면서 마지막 때에 대해 제자들과 군중을 향해 설명하신다.

> 그들이 이 말씀을 듣고 있을 때에 비유를 더하여 말씀하시니

이는 자기가 예루살렘에 가까이 오셨고

그들은 하나님의 나라가

당장에 나타날 줄로 생각함이더라

이르시되 어떤 귀인이 왕위를 받아가지고 오려고

먼 나라로 갈 때에

그 종 열을 불러 은화 열 므나를 주며 이르되

내가 돌아올 때까지 장사하라 하니라

그런데 그 백성이 그를 미워하여

사자를 뒤로 보내어 이르되 우리는 이 사람이

우리의 왕 됨을 원하지 아니하나이다 하였더라

귀인이 왕위를 받아가지고 돌아와서

은화를 준 종들이 각각 어떻게 장사하였는지를

알고자 하여 그들을 부르니

그 첫째가 나아와 이르되 주인이여

당신의 한 므나로 열 므나를 남겼나이다

주인이 이르되 잘하였다 착한 종이여

네가 지극히 작은 것에 충성하였으니

열 고을 권세를 차지하라 하고

그 둘째가 와서 이르되 주인이여

당신의 한 므나로 다섯 므나를 만들었나이다

주인이 그에게도 이르되 너도 다섯 고을을 차지하라 하고

또 한 사람이 와서 이르되 주인이여 보소서

당신의 한 므나가 여기 있나이다

내가 수건으로 싸 두었었나이다

이는 당신이 엄한 사람인 것을 내가 무서워함이라

당신은 두지 않은 것을 취하고 심지 않은 것을 거두나이다

주인이 이르되 악한 종아

내가 네 말로 너를 심판하노니

너는 내가 두지 않은 것을 취하고

심지 않은 것을 거두는 엄한 사람인 줄로 알았느냐

그러면 어찌하여 내 돈을 은행에 맡기지 아니하였느냐

그리하였으면 내가 와서 그 이자와 함께

그 돈을 찾았으리라 하고

곁에 섰는 자들에게 이르되

그 한 므나를 빼앗아 열 므나 있는 자에게 주라 하니

그들이 이르되 주여 그에게 이미 열 므나가 있나이다

주인이 이르되 내가 너희에게 말하노니

무릇 있는 자는 받겠고

없는 자는 그 있는 것도 빼앗기리라
그리고 내가 왕 됨을 원하지 아니하던
저 원수들을 이리로 끌어다가
내 앞에서 죽이라 하였느니라

눅 19:11-27

어느 귀인이 왕위를 받으려고 먼 나라로 갈 때의 이야기다. 로마 제국 시대에 어느 정복 지역의 유력자가 로마 황제로부터 권위를 인정받아 분봉왕으로 임명되는 당시 정치 상황을 빗댄 것이다.

그 귀인은 제국의 중심으로 길을 떠나기 전에 열 명의 종을 불러 은화를 한 므나씩 나누어 준다. 므나가 의미하는 건 우리의 하나뿐인 인생이거나 인생에 주어진 중요한 기회일 수 있다. 이 기회는 모든 사람에게 공평하게 주어진다.

주인이 왕위를 받아서 돌아온 후 종들을 불러 그동안 맡긴 므나를 가지고 남긴 게 무언지를 상계하는 시간을 갖는다. 마지막 때, 예수님이 왕으로 임하셔서 심판하시는 모습을 비유한 것이다. 한 종이 한 므나로 열 므나를 남겨 왔을 때, 주인은 종이 지극히 작은 것에 충성했다고 칭찬한다.

주인의 시각에서 보면 열 므나를 남기는 일도 지극히 작은 것이었다. 이를 통해 주인의 관심이 열 므나에 있지 않음을 알 수 있다. 주인은 그가 맡긴 한 므나를 통해 보고 싶은 게 따로 있었다.

그는 열 므나를 남긴 종에게 대가로 열 고을을 맡긴다. 그리고 다섯 므나를 남긴 종에게 다섯 고을을 맡긴다. 결국 주인의 관심은 고을을 맡길 자를 찾는 데 있었다. 그가 왕이 되었을 때, 함께 고을을 다스릴 자를 찾고 있었던 것이다.

한 므나를 그냥 수건에 싸둔 종이 있었다. 이 종은 주인을 불신했고, 그에게 서운함을 가지고 있었다. 똑같이 한 므나를 받았지만 자기가 받은 것이 적다고 느꼈고, 자신에게는 충분한 기회가 주어지지 않았다고 생각했다.

주인을 그저 두려운 존재로만 알고 있어서 혼나지 않고 자신을 방어하는 데 급급했다. 주인의 보호 안에서 안정감을 누리지 못했고 불안감에 이끌려 살았던 사람이다. 그래서 어려움을 피해 가고 싶었고 편안함을 추구했다.

또 자신에게 주어진 기회와 시간과 재능과 자산을 남에게 빌려줄 생각도 하지 못했다. 그는 결국 자기가 받은 중요한 기회를 빼앗기고 만다. 무엇보다도 주인에게 인정받고 통치자로 설 기회를 잃어버렸다.

이 종들은 이미 예수님을 따르는 사람을 의미하는 것으로 보인다. 원수들은 주인이 먼 나라에 가서 왕위를 받아 오는 걸 방해하려고 했던 사람들이다. 어쩌면 이 땅에 살면서 예수님을 왕으로 모시기를 싫어하는 사람들을 의미한다고 볼 수 있다. 이들은 주인이 와서 계산하는 때 모두 죽임을 당한다.

○

하나님은 우리를 예수님 닮은 통치자로 세우시려고
특별한 십자가 훈련의 길로 인도하신다.

서쪽 숲 2015

통치와
훈련

한편 종은 주인으로부터 한 므나라는 기회를 받는다. 그런데 모두가 이 므나를 잘 활용한 것은 아니었다. 가진 기회를 잘 활용해서 더 누리고 결국 통치자로 세워지는 사람과 마음의 어두운 상태 때문에 주어진 기회를 버린 사람이 있었다.

하나님께서는 우리를 통치자로 부르기를 원하신다. 우리를 향한 '왕 만들기 프로젝트'를 가지고 계시다. 우리는 지도자 또는 왕 같은 제사장으로 부르심을 받았다.

그 부르심에 합당한 삶을 살려면 훈련이 필요하다. 연단과 시련이 크리스천의 삶 가운데 주어지는 이유는 하나님께서 우리를 통치자로 세우고자 하는 기대를 갖고 계시기 때문이다.

나는 종종 우리 팀원들에게 이렇게 말하곤 한다.

“내가 여러분의 섬김에 대해 줄 수 있는 보상이 없습니다. 여러분이 이 땅을 떠날 때 내게서 기대할 수 있는 게 없을 겁니다. 하지만 하늘 아버지가 여러분의 섬김에 대해 예비하신 것이 두 가지가 있습니다. 그중 하나는 주인의 기쁨에 참예하는 것입니다. 여러분이 이곳에서 사역하는 동안 이것을 누릴 수 있어야 합니다.
우리가 주어진 일을 잘 마칠 때 주어지는 선물은 더 큰 책임이 주어지는 것입니다. 이것을 선물로 볼 수 있어야 합니다. 그래서 더 큰 책임을 부여받으며 성장하다가 이 땅에서 그 책임이 다하는 날에는 우리에게 예수님과 함께 세상을 다스리는 큰 책임이 주어질 겁니다.”

현재 중국의 최고통치자인 시진핑은 지도자가 되기까지 오랜 기간 동안 지도자 후보로서 훈련받고 검증받는 과정을 거쳤다. 그가 한 나라의 통치자로 서고자 오랜 준비 과정을 거쳤다면, 우리는 우주의 통치자로 서기 위한 준비를 하고 있다.

록펠러 가문에서는 자손들을 상원의원으로 만들기 위해서 계획적으로 특별 교육을 시켰다고 한다. 한국의 재벌가에서 자녀들을 후계자로 세우고자 혹독한 훈련을 시키는 것과 마찬가지이다.

이 훈련은 모두에게 주어지지 않는 특권이다. 하나님은 우리를 예수님 닮은 통치자로 세우시려고 특별한 십자가 훈련의 길로 인도하신다.

하나님께서 이스라엘의 새로운 왕 만들기 프로젝트를 가동하신 적이 있다. 그것은 다윗을 향한 특별한 계획이었는데, 그의 목동 시절의 단순한 일상은 지도자로 세워지기 위한 준비 기간으로 활용되었다. 골리앗을 이 전쟁터에 등장시키기 훨씬 이전부터 다윗을 일상 가운데 훈련시키셨다.

목동 시절은 당시 이스라엘의 많은 젊은이가 경험하는 것이었지만, 그에게는 골리앗을 쓰러뜨릴 수 있는 무기를 갖추는 시간이었다. 훗날 그가 왕위에 오르기까지 감당해야 할 연단의 기간이며, 다윗 왕을 만들기 위해 준비된 특별한 시간이었다.

아브라함을 척박한 가나안 땅으로 보내고 기근을 허락하신 하나님께서 기대하신 것도 같은 맥락이었을 것이다. 이 땅에서의 편안함과 풍요 가운데 주저앉아 있지 않고 하나님을 만나고, 경험하고, 누리도록 하시기 위함이다. 자손들에게 보여 줄 믿음의 표본을 이루게 하려 하심이다.

Part 4

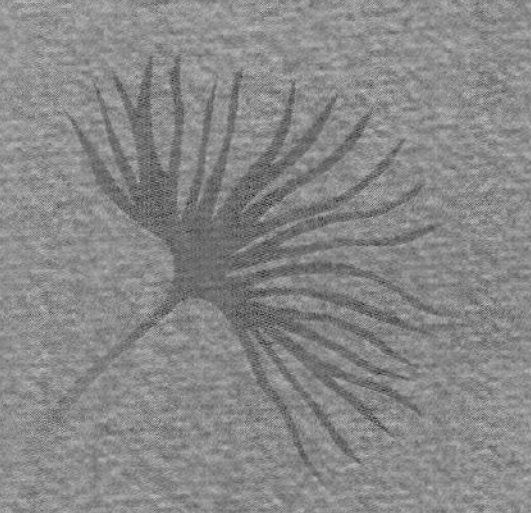

예비된 선물

만남과 채우심의 은혜

CHAPTER 9

하나님이 이루실 꿈

추수기
의
사역

하나님께서 우리에게 명령하실 때는 모든 걸 깨닫고 이해할 수 있도록 설득하는 과정을 거치지 않으신다. 우리에게 먼저 명령하신다. 그 명령에 우리가 일단 순종하고 기다리면, 왜 그 명령이 주어졌는지 조금씩 이해하게 된다.

우리가 다 이해하고 수긍한 후에 순종하는 게 아니다. 왜냐하면 아브라함에게 이삭을 바치라고 하신 명령처럼 영적 세계에서는 순종하기 전까지는 명령의 이유가 설명될 수 없는 경우가 많기 때문이다.

마찬가지로 나도 인도네시아에 오고 나서야 비로소 이 땅이 마지막 추수기에 갖는 영적인 책임이 있음을 깨달았다. 21세기에 들어서 가장 중요한 선교의 땅은 아시아가 될 것이다. 아시아 선교를 위해 넘어야 할 가장 큰 장벽이 이슬람권이다.

20세기에 들어 전 세계에서 가장 성공적으로 성장한 종교는 첫째가 기독교이고 둘째는 이슬람교이다. 이슬람의 성장은 자연 증가에 기인하는 부분이 크다. 아이를 많이 낳아서 모슬렘의 수가 늘어난 것이다. 앞으로 10년 뒤면 전 세계에서 가장 많은 사람이 믿는 종교가 될 것으로 예상된다.

인도네시아는 세계 최다의 모슬렘을 보유한 나라다. 이 나라가 특별히 중요한 건 중동과 사하라 이북의 아프리카권 전체에 흩어진 기독교인보다 더 많은 수의 기독교인이 존재하기 때문이다. 인도네시아교회는 태생적으로 이슬람 선교의 책임과 부담을 가지고 있다. 따라서 이곳에 세워지는 선교 목적의 대학은 자연스레 이슬람권 전체를 대상으로 삼게 될 것이다.

지난 세기의 후반기부터 하나님께서는 이슬람권을 크게 흔들기 시작하셨다. 그래서 많은 관찰자는 이것이 마지막 추수기가 임했음을 보여주는 증거라고 생각한다.

4,5년 전에 나온 보고에 의하면 이란에서는 지하교회 성도가 10만 명을 넘었다고 한다. 유튜브에 올라 있는 나이지리아 복음 사역 비디오('Evangelism Nigeria'로 검색하면 볼 수 있다)를 보면 1990년대 후반에 그곳에서 벌어진 놀라운 회심의 역사를 볼 수 있다.

역사적으로 볼 때, 전 세계적으로 이슬람권으로 들어가는 통로는 크게 다섯 곳이다. 아프리카의 사하라 남단에서부터 올라가는 사막길, 중앙아시아 카자흐스탄을 지나는 초원길, 중국 서북부를 통해 중앙아시아로 들어가는 비단길, 인도를 통해 올라가는 향료길, 그리고 마지막으로 인도네시아를 지나는 바닷길이다.

이슬람권에서는 네트워크를 이루지 못하면 기독교 공동체가 생성되고 유지되기 어렵기 때문에 길이 중요하다. 역사적으로 보면 기독교는 이런 길을 따라 상인들과 전도자들을 통해 전파되어 왔고, 이슬람도 그 길을 따라 왔다.

바닷길의 중요한 거점인 인도네시아에 와서 이곳의 선교적 가능성을 보며, 이 땅의 교회에 다음 세대 선교를 위한 교두보로서의 부르심이 있음을 깨닫는다. 도시를 중심으로 교회가 급성장하고 있기 때문이다.

기독교로 개종하는 모슬렘의 숫자가 증가하고 있다. 내가 어느 현지 교회에서 설교한 날, 20여 명이 세례를 받았는데, 절반이 이슬람 배경의 이름을 갖고 있었다. 이렇게 세워지는 교회는 태생적으로 이슬람권 선교를 위한 특별한 사명을 부여받게 된다.

선교사 중에는 눈물로 씨 뿌리는 사명을 가진 자, 정성껏 가꾸는 사명을 가진 자, 추수하는 사명을 가진 자가 있다. 감사하게도 하나님께서는 나를 두 번이나 추수기의 나라로 보내주셨다. 몽골에서도 추수기의 사역을 경험했고, 인도네시아에서도 목도하고 있다.

> 이르시되 추수할 것은 많되 일꾼이 적으니
> 그러므로 추수하는 주인에게 청하여
> 추수할 일꾼들을 보내 주소서 하라

갈지어다 내가 너희를 보냄이

어린 양을 이리 가운데로 보냄과 같도다

눅 10:2,3

나는 이 땅에 와서 하나님이 주신 꿈이 실재하는 것처럼 구체화되는 시간을 보내고 있다. 물론 이 꿈은 그분이 오래전에 내게 주신 것이지만, 내 안에서 분명하게 각인되고 있다.

●

인도네시아
의
교육

인도네시아에는 '사회적, 경제적 불평등'과 '부정부패'라는 가장 시급한 두 가지 문제가 있다. 10만여 명의 백만장자들이 있지만 국민의 절반 이상은 한 달에 200불을 벌기가 버겁다. 열대 지역 섬나라 국민들의 낙천적이면서도 여유로운 기질에도 불구하고, 이것은 장기적으로 사회의 불안 요소로 작용할 수 있다.

경제적 불평등은 교육 기회의 불평등으로 이어진다. 인도네시아에는 다양한 학교가 있다. 외국인들과 소수의 현지 부유층 부모들은 자녀들을 국제학교에 보낸다. 미국과 영국, 호주, 뉴질랜드, 싱가포르, 그리고 한국계 외국인 학교가 자카르타에 있다.

그보다는 약간 싼 비용으로 영어와 인도네시아어로 가르치는 '내셔널 플러스'(National Plus)라는 학교와 인도네시아어로만 교육하는 일반 학교가 있다. 부모의 경제적인 차이는 고스란히 교육의 차이로 이어진다.

사회에 부정부패가 만연한 건 결국 힘과 권력을 가진 자들이 약자를 배려하기보다는 자신의 이익을 위해 그것을 사용한다는 뜻이다. 더구나 이슬람권이다 보니 유산에 상속세를 부과하지 않는다. 부와 권력과 재산의 세습으로 경제적인 격차가 세대를 거치면서 더욱 커진다.

그래서 점점 더 개천에서 용 나는 게 어려운 사회가 되어간다. 이런 현상을 완화시키고 사회적 계층 상승이 가능하도록 돕는 게 교육을 통해 가능하다. 저소득층 자녀들도 공부할 수 있도록 기회를 만들어 줌으로써 교육 기회 불균등을 해소할 수 있다.

인도네시아에는 기독교인들이 12개의 지역에 집중되어 퍼져 있다. 1960년대 부흥의 결과로 나타난 현상이다. 그런데 현

재는 가장 가난한 지역으로 전락했다. 정부가 경제적인 지원을 하지 않고, 경제 개발에서 소외시켰기 때문이다. 동시에 자바 섬의 모슬렘들을 그곳으로 이주시키는 정책을 펴고 있다.

기독교인의 비율을 떨어뜨리는 주된 방법 중 하나가 이슬람 기숙학교에 기독교인 자녀들을 받아서 교육시키고 모슬렘으로 만드는 것이다. 중동의 오일 머니(oil money)를 근간으로 이슬람권의 막대한 자금이 인도네시아에 이슬람 교육 기관을 세우고 운영하는 데 투자되었다. 그래서 수많은 이슬람 기숙학교가 세워지고 있다.

자카르타에서 3시간 거리에 있는 '수까부미'라는 도시를 방문한 적이 있다. 거기에만 300개의 이슬람 기숙학교가 세워졌다고 한다. '무함마디야'라는 인도네시아의 대표적인 이슬람 단체는 앞으로 1만 개의 이슬람 대학을 세울 것을 목표로 달려가고 있다.

이슬람 학교들은 기독교 지역의 자녀들에게 무상 교육 지원 공세를 펼친다. 그 결과로 이 학교에서 교육받은 많은 학생들이 모슬렘이 되어서 자기의 고향으로 돌아가 모스크를 세우는 기둥 역할을 한다(그로 인해 파푸아, 암본, 플로레스, 술라웨시 등 기독교 지역의 상당수가 한때 기독교인의 비율이 90퍼센트가 넘었지만 30년 만에 50퍼센트 이하로 떨어지게 되었다).

이것은 지방 선거에서 모슬렘 당선자를 내는 걸 의미한다. 결국 기독교 지역의 지방 정부를 모슬렘들이 장악하게 하는 것이다. 그들이 정치와 교육과 문화를 잡으면 결국 사회를 이슬람화하고 권력을 장악할 수 있을 거라고 보고 있다(그런 전략을 통해 성공한 대표적인 사례가 말레이시아다).

그래서 기독교 지역의 학생들에게 저렴한 방식으로 교육을 제공하고 그 지역 사회를 개발시킬 수 있는 방법을 찾는 것이 인도네시아 선교에 있어서 중요한 과제이다. 효과적으로 이 사역을 감당하기 위해서는 인터넷 교육을 통해 외딴섬과 정글의 외진 지역에 교육을 지원하는 방식을 개발할 필요가 있다.

우리 팀이 특별히 온라인 교육 부문을 세우고 교육 컨텐츠를 준비하는 것도 이런 이유에서다. 일대일 화상 교육 또는 동영

상 교육 프로그램으로 자카르타에 거주하는 학생들을 가르치고, 더 나아가 외딴섬에까지 영어를 교육하는 프로그램을 진행시키려 하고 있다.

아울러 우리가 자녀들을 직접 SOT(School of Tomorrow) 프로그램으로 교육하는 이유도 좋은 교사를 구하기 어려운 기독교인 밀집 지역에 있는 교회들이 자기주도적 학습 방식으로 학생들을 교육할 수 있도록 돕기 위해서다.

비록 작은 걸음이지만 이런 교육 사역을 통해 우리가 배출한 기독교 인재들이 지역 사회를 변혁시켜갈 날들을 꿈꾸어본다.

사역 준비 기간 중에 대학 사역의 직선 코스로 가는 길이 막힌 듯 보여서 도리어 내 사역적 관심이 인도네시아의 교육 전반으로 확장되어 필요한 부분들을 보게 된 것이 참으로 감사했다.

이 사회의 다양한 교육적 필요를 채울 수 있는 방법을 생각하는 과정에서 이 문제를 풀어갈 수 있는 도구와 경험을 가진 사람들과 만나도록 인도하심을 받았다.

하나님께서 우리의 걸음을 멈추고 머물러 있게 하시는 건 우리 관심의 초점을 바꾸고 새로운 것을 바라보게 하시려는 것임을 배운다.

CHAPTER 10

내게 부족함이 없으리로다

필요
와
부족

하나님은 아브라함의 실패와 무능력함을 나무라신 적이 없다. 오히려 그의 아내인 줄 모르고 사라를 데려간 바로를 나무라신다. 아브라함은 애굽에서 나올 때 그 대가로 바로로부터 많은 재물을 받아서 가지고 나온다.

아브라함이 자신의 약함을 드러내도록 하나님께서 허락하신 이유는 그를 책망하기 위해서가 아니었다. 오히려 약함 때문에 생겨난 복잡한 어려움을 해결해주실 뿐 아니라 선물까지 주셨다.

시편 23편은 신자들이 즐겨 암송하는 시편이다.
"여호와는 나의 목자시니 내게 부족함이 없으리로다."

우리에게 부족함이 없는 것은 여호와가 목자가 되시기 때문이다. 내 필요를 채워주고, 재정을 공급하고, 어려움을 만나지 않게 하고, 어려움 가운데에서도 피할 길을 주시기 때문이라고 말하지 않는다.

그저 그분이 목자 되신 그 자체가 나를 채워주는 것이다. 그분을 따르는 삶이 우리를 부족함에서 자유하게 한다는 소망의 고백이다.

실제로 예수님을 따라 살아가는 건 숱한 부족에 시달려야 하는 삶처럼 보인다. 다윗도 기름부으심을 받은 이후에 영화로운 삶도 경험했지만 사망의 음침한 골짜기를 지나야 했다. 내가 경험한 사역의 길에도 수많은 결핍과 싸움이었다.

몽골로 처음 부르심을 받았을 때, 가장 큰 필요는 내 쓸 것에 있었다. 그러나 하나님은 나를 장기 헌신자의 길로 인도하셨고, 점차적으로 내 주변의 필요와 하나님나라 관점에서의 필요로 이끌어주셨다.

사역의 초기에는 미화 백 불 단위의 필요를 하나님께 구해야 했다. 그 후에는 천 불 단위의 필요를 구하는 시간이 있었다. 나중에는 그 단위가 점점 커져서 만 불 단위의 공급을 구하게 되었다. 인도네시아에 와서는 십만 불 단위의 필요를, 대학교 건축을 앞둔 시점에서는 백만 불 단위의 필요를 채워달라고 기도하고 있다.

재정의 필요가 내 옆에 늘 붙어 있었고, 그것이 채워지면 다른 필요가 생겼다. 놀랍게도 그 모든 필요에 대한 요청에 하나님께서 지속적으로 반응해주셨다. 물론 내가 원하는 시간대가 아니라 하나님의 타이밍과 방식에 따라 주어졌다.

그 과정에서 일부가 채워지거나 필요한 듯 보였던 일들이 정리되기도 했다. 또 내 책임이었던 영역이 다른 사람에게로 이양되기도 했다.

늘 공급이 있었지만 그 후에 더 큰 필요가 생겨났다. 필요는 점점 커지는데, 끊임없이 부족한 상황을 직면하는 게 때로 지치고 힘겹게 여겨지기도 했다.

그러나 내가 바라보아야 할 것이 필요와 공급이 아닌 목자 되신 예수님의 온전하심과 풍성하심이라는 사실을 깨달을 때, 나는 비로소 평안을 되찾을 수 있었다.

내게로 다가왔네 2015

○

그저 그분이 목자 되신 그 자체가
나를 채워주는 것이다.
그분을 따르는 삶이 우리를 부족함에서
자유하게 한다는 소망의 고백이다.

하나님
의
시간표

처음 인도네시아에 왔을 때 나는 가진 재정이 없었다. 책의 인세는 몽골 땅에서 나누고 떠나왔다. 재정도, 정부 관계 인맥도 없었고, 도움을 줄 수 있는 후원자 그룹도 극히 제한적이었다.

허가 작업을 위해 준비된 재정이 있어야 했고, 그것을 만들기 위해 허가가 필요했다. 닭이 먼저 있어야 달걀을 얻고, 달걀이 있어야 닭이 생기는데, 둘 다 없이 둘 다 주어지기를 기다려야 하는 시간이었다.

새로운 사역을 준비하는 데 막대한 재정의 필요를 보면서, 나는 5만 번 이상 기도 응답을 받은 조지 뮬러가 했던 방법을 생각했다. 그리고 하나님께 이렇게 기도했다.

'오직 하나님께서 제 필요를 채워주시기를 기도하겠습니다. 채워주실 때까지는 제가 먼저 움직이지 않겠습니다. 외부에 다니며 말씀을 전할 때, 사역의 필요에 대해 말하지 않겠습니다. 또 교회에 요청하러 다니지도 않겠습니다.
기도 가운데 채우시는 걸 기다리겠습니다. 그래서 다른 사람들이 하나님께서 일하고 계심을 고백할 수 있게 해주십시오. 믿음이 없는 이 세대에 믿음으로 일하는 게 뭔지 보여줄 수 있게 해주십시오.'

하나님을 순전히 신뢰하는 사람이 적은 이 세대에 믿음의 본을 보임으로, 그분이 하시는 일을 통해 믿음의 역사가 어떤 것인지 알려야겠다는 생각을 했다. 그래서 사역의 필요에 대해 우리 공동체 안에서만 나누었을 뿐 외부에는 말하지 않고, 하나님께서 직접 공급해 주시기를 기다렸다.

계획과 마스터플랜은 세워놓았지만 그것이 하나님의 시간에 이루어지도록 맡겨드리기로 했다. 이 시기에 주위 사람들과 학교에 대한 비전을 나누는 게 매우 고통스러웠다. 구체적이고 세부적인 진행 계획을 확신 있게 나눌 수 없었기 때문이다.

하나님께서 알아서 해주실 거라는 말로는 누구도 우리의 사역과 계획을 신뢰해주지 않을 것 같았다.

사역팀의 비자 문제가 예상치 않게 뒤틀리고, 사역의 근거 자체가 흔들리는 것 같은 시기를 지날 때 놀랍게도 하나님께서 재정을 채워주기 시작하셨다. 우리는 5층 규모의 학교 복합동을 첫 건축물로 선정하고 기도하고 있었다. 하나님께서는 우리가 기도를 시작한 지 1년 반 만에 필요한 재정의 3분의 2가 채워지도록 후원자들을 붙여주셨다.

내가 전에 알지 못했던 사람들과 연결되고 후원금이 들어오면서 2015년 5월에 더 기다리면 안 되겠다는 마음을 주셨다. 아직 캠퍼스 건축 허가가 나지 않은 상태였지만 믿음으로 9월에 기공식을 하겠다고 선포했다.

인도네시아는 무척 느린 시간대를 살아가야 하는 곳이다. 그런데 놀랍게도 우리가 건축을 시작하겠다고 선포하자 하나님께서 마치 막혔던 봇물을 터뜨려주시듯 하나씩 일을 풀어주시기 시작했다.

재정이 채워짐에 따라 건축 허가를 위해 돕는 사람들을 만나고, 빠른 시간 안에 허가를 얻을 수 있도록 인도하심을 받았다. 연말에 건물의 기초를 위한 작업이 마무리되었고, 2016년 4월에 시공하게 되었다(이 공사는 12월 말 완공 예정이다).

건축 과정에서 루피아(rupiah)화의 가치가 급속히 하락하고 건축 경기가 쇠퇴하는 걸 보며, 자재의 재고가 쌓이고 일거리가 없는 업체들이 늘고 있는 시기에 건축을 시작하게 하셨다는 생각이 들었다.

시공업체를 선정할 때도 신뢰할 수 있는 현지 업체와 적은 비용과 유리한 조건으로 계약을 맺는 게 가능했다. 그리고 여러 한인 사업가의 도움으로 설계와 허가, 자재 구매 등에서 도움을 받아 원가를 절감할 수 있었다.

하나님께서는 그분을 신뢰하고 맡기는 사람을 불황과 경제적 어려움의 시기에도 오히려 보호하고 성장하게 하신다. 그 시기를 살아내는 과정에서 우리는 좌절과 절망의 골짜기를 통과해야 하지만 우리가 영적으로 예민하면 그분의 섬세한 보호하심과 이끄심을 누리고 고백할 수 있다.

하나님께서 외부에 우리 사역을 알려도 좋겠다는 마음을 주셔서 2015년 8월의 한국 일정을 계기로 몇몇 교회와 나누었고, 일부 교회들이 동참하고자 하는 열망을 갖게 되었다.

내가 인도네시아에 오자마자 사역이 일어나지 않은 것은 하나님의 배려이자 섭리였다. 만약 그때 사역이 일어났다면 사람들이 내게 어떤 인맥과 능력이 있어서 사역이 일어난다고 오해했을 것이다. 그리고 그 결과로 질시나 불편한 시각도 생길 수도 있었다.

어려움 가운데 하나님께서 상황을 정리하고 풀어가시는 걸 보면서 하나님의 사역이 사람의 어떠함 때문에 이루어지는 게 아니라는 사실을 다시 확인할 수 있었다.

우리 사역지에 탐방을 왔던 한 목사님이 이런 고백을 했다.

“교회 사역의 어려운 시기를 지나면서 몸과 마음이 지치고 힘들었습니다. 그런데 이곳에서 진행되는 사역을 보면서 하나님께서 오래전부터 이 땅에 교회를 세우시고, 사명을 주시고, 새로운 세대가 그 사명을 이어받고, 이용규 선교사님을 비롯한 새로운 팀이 이 사역을 맡기까지 오랫동안 준비하고 일해 오셨다는 자각이 생겼습니다. 하나님의 계획은 도도하게 흘러왔던 것입니다.

그러자 제게 당면한 문제들이 지극히 작게 보였습니다. 그리고 하나님의 감동 가운데 회복되는 경험을 했습니다. 내 상황이 어떠하든지 하나님의 시간표 속에서 그분의 일은 반드시 이루어질 거라는 확신이 임했기 때문입니다.”

CHAPTER 11

예비된 만남 기다리기

만남
의
복을 누리다

재정보다 더 중요한 하나님의 선물은 '만남'이다. 인도네시아에 있으면서 내가 이 땅에 부르심을 받기 오래전부터 하나님께서 사역을 위해 준비해주신 만남이 있음을 조금씩 배우게 되었다. 하나님나라의 사역은 만남을 통해 일어난다는 걸 현장에서 깊이 느낀다.

하나님께서 우리를 한 방향으로 인도해 가실 때, 먼저 의미 있는 만남을 통해 이 일을 예비하셨고 인도하신다는 확신을 갖게 하신다. 우리는 그 만남을 통해서 비전을 보게 되고, 도움을 받고, 사역의 지평이 확장되는 걸 경험한다.

이런 만남을 사회에서는 '네트워킹(networking)'이라는 단어로 표현하지만 '만남'이라는 단어의 은혜를 충분히 반영하지 못하는 느낌이 든다. 인도네시아에 처음 갔을 때는 의지할 관계가 많지 않았지만 하나님께서는 수많은 관계와 만남을 준비해놓고 계셨다.

만남을 통해 비전이 세워진 일례로, 자카르타에서의 교육 사역의 시작은 자카르타연합장로교회와 만남을 통해 이루어졌다. 지금의 대학 사역의 꿈은 이미 오래전에 하나님께서 인도네시아 땅에 부르신 한인들 가운데 심어주셨던 것이다.

46년 전인 1969년, 서만수 목사님이 인도네시아 선교사로 파송받아 나오셨다. 교회를 세우고 한인교회를 중심으로 현지 선교를 시작하셨다. 그 후 서 목사님은 이 땅에 대학을 세우는 꿈을 꾸셨고, 자카르타 근교에 신도시가 형성될 '델타마스'라는 땅에 5헥타아르(1만 5000천 평)의 부지를 사놓고 기독교 대학설립을 꿈꾸다가 소천하셨다.

그 후에 재미교포 출신인 김학진 목사님이 2대 목회자로 부임하셨다. 목사님은 교회 단독으로 이룰 수 없는 사역임을 보고 이미 몽골 땅을 떠나 있었던 나를 초청하셨다. 하나님의 인도하심을 확인하고, 나는 이 사역을 맡기로 결정하고 대학 사역 일체를 이양받았다.

내게도 이민교회가 선교적인 교회로 발전할 수 있기를 바라는 마음이 늘 있었다. 자카르타연합교회에는 현지에서 40여 년간 사업을 일군 성도들이 많다. 그래서 훌륭한 선교의 동역자들이 될 수 있다. 그들의 경험과 영향력이 선교를 위해 사용되는 건 좋은 시너지(synergy)가 된다.

김 목사님과 내가 공유한 생각은 선교지의 한인교회와 선교사 간의 연합의 좋은 선례를 남겨야 한다는 것이었다. 한인교회는 선교의 좋은 동반자이자 주체이기도 하다. 하나님께서 현재 수많은 한인 디아스포라 중에 교회를 세우신 뜻 가운데는 세계 선교의 동역자로서의 부르심도 있다.

그러나 실제로 한인교회와 선교사가 겸손히 연합하며 시너지를 내는 예가 많지 않다. 좋은 동반자가 될 수 있지만 그동안 돕기보다는 관계가 어려운 경우가 많았다. 이 연합의 모델을 만들기 위해서는 한인교회의 담임목사님과 선교사 그룹이 서로를 돕고 섬기고자 하는 열린 마음을 가져야 한다.

감사하게도 목사님은 우리 팀의 사역을 존중해주셨다. 그리고 당신의 역할을 우리를 위한 '소파'라고 겸손히 표현해주셨다. 서로에게 의지가 되는 협력 과정을 통해 세계 선교에서의 좋은 모델로 자리매김하기를 소망하고 기도했다.

그럼에도 교회 내에 여러 가지 이유로 사역에 대한 우려와 불편함을 표현하는 경우가 있었고, 때로는 그것이 사역의 전진을 막는 것처럼 보이기도 했다. 나는 이 모든 일을 하나님께 의탁하며 처리해주시기를 기도했다.

이사 선임과 관련해서도 '단일 교회 사역이 아닌 초교파적 연합 사역이 되어야 교회도 사역도 산다'는 기본 의견만을 제시하고 구체적인 부분은 하나님께 맡겨드렸다.

준비된
선물

내가 췌장 수술을 받은 후 인도네시아로 복귀했을 때 하나님께서 이 부분에 개입하시고 내가 기도하던 방향으로 일해주고 계심을 깨달았다.

그로부터 1년여 지난 시점에 중국에서 한인 선교사들이 운영하는 학교 탐방을 위해 중국의 내지를 여행하던 중에 사천성에 위치한 '구채구(九寨溝)'라는 아름다운 계곡을 여행할 기회가 있었다.

이 계곡에는 수많은 호수가 층층이 형성되어 있었다. 그런데 계곡 중간의 큰 호수의 한가운데에 나무가 자라고 있었다. 신기한 생각이 들어서 나무를 자세히 관찰했다. 곧 그 나무

밑에 큰 나무가 쓰러져 있다는 사실을 발견했다.

호수 한가운데 나무가 자라는 건 불가능하다. 뿌리를 내릴 수 있는 토양이 없는 곳에서는 자랄 수 없기 때문이다. 그런데 오래전에 호숫가에서 양분을 받고 높이 자란 나무가 넘어져, 물에 반쯤 떠 있던 그 나무를 딛고 다른 나무 씨가 뿌리를 내려 자랄 수 있었던 것이다.

이 나무를 보면서 문득 하나님께서 내게 무언가를 말씀해주신다고 느꼈다. 세계 최대의 모슬렘 인구를 가진 인도네시아에 빈손으로 와서 대학을 세우는 건 내게 불가능한 일처럼 보였다. 마치 호수 한가운데 나무를 심는 것과 같은 일이다.

이것이 가능할 수 있는 유일한 방법은 이 땅 가운데 먼저 부르심을 받고 와서 사업과 사역을 했던 많은 사람이 우리를 위해 어깨를 빌려주고 다리를 놓아주는 것이다. 그때 나무가 자라는 데 큰 장애가 되었던 물이 그 나무를 자라게 하는 영양분으로 바뀔 수 있다.

이 땅에 먼저 와서 뿌리를 내린 한인 사회의 구성원들과 성도들과 이 일을 꿈꾸고 만들어가도록 더 노력해야 함을 알았다. 서로를 신뢰할 수 있도록 품고 나누며 가야 함을 깨닫게 되었다. 때로는 관계 가운데 생기는 방해와 불신조차 장기적으로 보면 사역을 위해 준비된 선물일 수 있다.

기공식을 앞둔 시점에서 한 집사님이 아내에게 말씀하셨다. 처음에는 우리의 사역을 불편해하고 반대 입장에 서 있던 사람들도 있었는데, 기공식을 앞두고는 모든 이가 기대하고 축복하는 분위기가 된 것 같고, 교회가 같은 방향을 향해 꿈꾸고 기대할 수 있어 감사하다는 내용이었다.

자카르타와 인도네시아에 있는 많은 이민교회들과 연합하여 함께 가고자 하는 기대가 내게 있다. 그래서 현지 한인교회에서 집회나 강의, 수련회 등을 위해 요청하면 우선적으로 일정을 조정해서 섬겨드리고자 했다.

그리고 그들이 헌금을 하면 아무리 어려운 교회라고 해도 열심히 받으려고 했다. 헌금이 절실히 필요해서이기보다 이 과정에서 서로 사역을 공유하며 함께 하나님의 복을 누리기 위해서이다.

자카르타의 한인교회 가운데 우리 사역을 위해 헌금해주시는 교회도 있었다. 인도네시아의 많은 한인교회가 함께 품으며 가는 사역이 될 수 있어 감사하다.

아직 일부이긴 하지만 한인 기업인들이 우리 사역에 기대감을 가질 수 있도록 인도하시는 것도 감사한 일이다. 어느 기업인 장로님은 이 사역이 앞으로 4년 뒤 한국과 인도네시아 수교 50주년을 맞는 시점에 한인 사회가 인도네시아에 내보일 수 있는 가장 의미 있는 기여가 될 거라고 축복해주셨다. 이 모든 사람이 하나님이 예비해주신 선물이었다.

못다한 이야기 2015

○

모든 사람이 하나님이 예비해주신 선물이었다.

●

사역 공동체의 섬김

내게 무엇보다 중요한 건 함께 머리와 어깨를 맞대고 사역할 사람들과 만나는 것이다. 내가 자카르타로 이주하면서 함께 사역하기를 원하는 동역자 가정이 모였고, 시차를 두고 합류했다.

나는 하나님께서 우리에게 복을 허락하실 때 먼저 '사람의 복'을 주심을 믿는다. 그리고 사역이 일어나기 위해서는 먼저 같은 비전을 품고 움직이는 공동체가 있어야 한다고 믿는다.

학교 사역을 성공적으로 감당하기 위해 좋은 공동체를 이루어 함께 사역하는 게 가장 필요했다. 이것은 그동안의 경험으로 볼 때 한국 교육 선교 영역의 가장 큰 숙제다. 학교 운영은 또 수많은 인재의 조화를 통해 이루어져야 하는 사역이다. 그래서 동역할 사람들을 위해 초기 사역자 그룹과 함께 기도해왔다. 사람이 모이면 그다음에 돈이 모이고, 사역의 돌파가 일어남을 경험했다.

내가 비자 문제로 어려워했던 가장 큰 이유는 사역 공동체를 이루는 데 치명적인 장벽이 되기 때문이었다. 비자 문제가 해결되고 다수의 사역자가 우리 팀에 합류해서 다양한 교육 프로그램 설립에 힘을 보탤 수 있게 되었다.

함께 일할 일꾼들의 필요를 놓고 기도하다 보면 어느새 하나님께서 그것을 채워줄 사람을 만나게 하신다. 우리의 사역이 시작되기 십수 년 전부터 함께할 사람들을 예비하셨다는 생각을 할 때 나는 전율한다.

사실은 명문 대학에서 미화 5만 불 정도의 연봉을 준다 해도 사람을 구하기가 어려울 때가 있다. 어떤 새로운 사역의 필요를 채워줄 준비된 사람을 몇 주 만에 만나는 건 결코 쉬운 일이 아니다.

더군다나 우리의 사역지는 월급을 주지 않는 직장이고, 이 일을 위해 고국을 떠나 낯선 환경에서 살아야 한다. 또 미래를 보장해줄 수도 없다. 그럼에도 우리가 필요를 느낄 때마다 하나님께서 함께할 사람을 붙여주신 건 기적 중의 기적이었다.

지금 함께하고 있는 사람들을 만나게 된 과정을 보면 하나님께서 이 사역을 위해 특별히 예비하셨음을 확연히 알 수 있다. 건축을 앞두고 일을 맡아줄 사람을 위해 기도했을 때, 한 분을 소개받았다. 미시간대학에서 학위를 마친 미국 건축사로서 학교 건축을 전문으로 하는 미국 설계사무소에서 설계를 담당하다 선교사로 헌신한 분이었다.

창업스쿨이나 회계 교육 그리고 기획 업무를 맡을 사람을 위해 기도하던 중에 워싱턴주립대학에서 경영학을 공부하고 몽골에서 교수 사역을 했던 분을 만났다. 또 한국어와 영어로 가르치는 선교사 자녀학교 설립을 놓고 기도하자 중국 선교사 자녀로 컬럼비아 대학교에서 국제교육 석사 과정을 마친 형제를 보내주셨다.

인터넷 교육을 통해 인도네시아 도서 지역의 열악한 학교들을 지원하는 시스템 구축을 위해 기도하자, 포항공대에서 전자공학으로 박사학위를 막 마친 형제 가정과 만나게 하셨다. 또 팀의 재무관리와 회계 교육을 담당할 분으로 GE 아시아의 재무 담당 최고 책임자(CFO)로 계셨던 장로님 한 분과 연결되었다(그 외에 때를 따라 필요에 맞게 훌륭한 지체가 헌신해주어서 20여 소조직이 한 몸을 이루어 사역하고 있다).

인터넷에 기초한 온라인 교육 사업의 필요성을 보던 중에 한국에서 EBS 강사였고 인터넷 수학 강의 회사를 운영하는 열심 있는 기독 실업인 한 분과 협력하게 되었다.

그리고 현지인 사역자들과의 협력도 중요한 자산이 되었다. 그 외에 우리의 필요를 채울 수 있는 교민들을 만났다. 목회자들과 조금씩 연결되기 시작했다. 이들은 우리가 가진 비전에 공감하고 함께 도울 수 있음을 기뻐했다.

이들과의 협력과 섬김을 통해 우리 가운데 선한 일을 시작하신 하나님의 이야기가 아름답게 전해지기를 소망한다.

●

다문화
공동체
만들어가기

앞으로 해외에서 자라 영어 사용이 자유롭고 다문화 경험이 있는 청년들이 더 많이 우리 팀에 들어와 사역하기를 소망한다. 선교지에 세워질 대학은 대부분 영어로 가르치게 될 것이다. 한국어나 현지어로 가르치는 대학은 그 역할에 있어서 한계가 있고, 유치할 수 있는 학생 그룹도 제한된다.

현지어로 가르치는 대학이라면 현지 대학에 비해 비교 우위를 갖기 어렵다. 제도적으로 현지의 국립대학보다 더 좋은 대학으로 자리매김하기 쉽지 않기 때문이다.

영어로 가르치는 대학이 되기 위해, 한국인으로서 영어권에 가서 살았거나 가르쳤던 재외국민들의 참여가 요청되며 서구

권 교육 선교사들과의 연합도 필요하다.

선교 목적으로 세워진 학교에서 한국에서 온 사역자와 외국 사역자, 현지인 사역자 그리고 해외 한인교회에서 자란 세대가 하나의 문화를 만들어가며 융화되면 이상적인 교육 공간이 만들어진다. 따라서 현지교회와 한국교회와 이민교회의 협력을 통해 하나의 문화로 녹아드는 학교 공동체가 만들어져야 한다.

싱가포르의 한 교회의 장로이며 국립대 원로교수인 분이 내게 애정 어린 지적을 하신 적이 있다. 한국 선교사와 교회들이 많은 장점과 능력이 있지만, 그 능력이 발휘되는 데 있어서 상당한 약점도 가지고 있다고 했다. 그것은 언어적인 장벽과 연합 사역 경험의 부재였다.

교육 선교사에게 있어서 이 두 가지 약점은 치명적이다. 특히 교단에서 파송된 목회자 선교사들의 경우에 같은 교단 안에서만 자원을 구하고 인력 풀(pool)을 가동하려 해서 규모 있는 교육 사역을 감당하기가 어렵다.

학교 사역에 참여하는 대부분의 사역자는 외부로부터 지원을 받아서 들어온 사람들이다. 이들은 일반 학교에서와는 달리 월급이나 승진 등의 방식으로 움직여지지 않는다.

그들에게 의미와 가치를 주어 연합하게 하고, 또 최선을 다해 섬길 수 있게 하기 위해서는 먼저 사역자들 간에 좋은 공동체가 만들어져야 한다.

이 공동체가 현지에서 하나의 문화와 시스템을 만들어가면서 자연스럽게 학교의 정신과 운영 방식과 분위기에 녹아들도록 하는 데 사역의 성패가 달려 있다.

선교 학교는 가치, 시스템, 분위기, 문화, 커리큘럼, 양육 프로그램 등의 보이지 않는 영역이 건물이나 학생의 수, 재정 규모 등의 보이는 영역보다 훨씬 중요하다. 보이지 않는 가치가 받아들여질 때 확산과 배가가 자연스럽게 이루어지기 때문이다.

○

현지교회와 한국교회와 이민교회의 협력을 통해
하나의 문화로 녹아드는 학교 공동체가 만들어져야 한다.

멍하니 아무 할 일도 없이 2014

하나님
의
복선

인도네시아에서 한 걸음 한 걸음 걸어가는 과정 중에 나는 종종 '하나님의 복선'에 대해 묵상했다. 특히 2015년은 개신교회 선교가 한국 땅에 시작된 지 130년을 맞는 때이기에 정동교회 집회를 응락하면서 몇 가지 생각이 머리를 스쳤다.

나는 중학교를 마치고 집에서 멀리 떨어진 배재고등학교로 배정을 받았다(배재고 99회 입학생이고 101회 졸업생이다). 고등학교 2학년에 올라가는 시기에 정동 캠퍼스가 강동구 명일동으로 이전하게 되었는데, 끝까지 따라가기로 결정했던 이유는 학교가 좋아서였다.

공립학교만 다니다가 처음으로 미션스쿨에 다니게 되었는데,

선생님과 학생들이 학교 역사에 갖는 자부심이 어린 내 마음에 감동을 주었다. 학생들이 교장선생님을 좋아하고, 그 분의 훈시를 기다리는 사실이 새로웠다.

"여러분은 배재를 사랑하십니까? 여러분은 배재를 사랑하셔야 합니다."

짧지만 강력한 그 훈시는 내 안 깊은 곳에 설렘을 주었다. 배재고등학교는 한국 최초의 감리교 선교사인 아펜젤러 목사님이 세운 학교로 한국 근대 교육의 시발점이었다(정동교회는 아펜젤러 목사님이 세운 감리교회로서 덕수궁 옆에서 배재고등학교와 담장 하나를 사이에 두고 있는 자매기관이었다. 그래서 졸업감사예배는 늘 정동교회에서 드려졌다. 나는 1학년 때 사색에 잠기며 그 앞을 지나다녔다).

내가 아펜젤러 목사님이 세운 배재고등학교의 101회 졸업생이라는 사실이 우연이 아닐지 모른다는 생각이 들었다. 졸업하면서 그 숫자의 의미를 생각한 적이 있다.

아펜젤러 목사님이 조선 땅에서 하셨던 일을 지금 내가 몽골과 인도네시아에서 하고 있다. 아내는 또 한 분의 한국 최초의 선교사이며 교육 선교를 하셨던 언더우드 선교사님이 세우신 연세대학교 출신이다. 우리 부부는 그들의 사역의 열매로서 다른 지역에서 그들이 하셨던 사역의 연장선 상의 일을 하고 있다.

우리가 학교에 다닐 당시에는 알 수 없었던 일이지만 하나님께서는 이미 130년 전 한국에 복음이 들어오기 전부터 계획해 놓으시지 않았을까 하는 생각을 했다.

내 삶을 반추해보면 수많은 복선을 내 삶의 언저리에 묻어두셨다는 생각이 든다. 나는 중국과 한국이 완전히 수교하기도 전인 1992년에 80일간 중국에서 배낭여행을 했다. 그곳에 간 한 가지 중요한 목적은 할아버지의 발자취를 찾는 것이었다.

할아버지는 일제강점기에 만주로 건너가서 심양의 '만융둔'이라는 조선인 집촌 지역에서 후원을 일으키셨고, 민족학교를 설립하여 조선인 자제들에게 한글 교육을 시키셨다. 나는 할

아버지가 세우신 학교가 어떤 모습일지 궁금했다.

물어물어 찾아가 보니 이미 중국의 공립 중고등학교로 바뀌어 있었다. 교장선생님에게 내 소개를 하자 학교 자료로 보관되어 있던 사진을 몇 장을 보여주었다. 할아버지와 당시 학생들이 같이 찍은 것이었다(그 사진 속 인물이 내 할아버지라고 말하자, 교장선생님이 사진에 있는 설립자의 배경이 궁금했는데 이제야 숙제가 풀렸다고 했다).

할아버지가 나라를 잃은 설움 가운데서 새날을 기다리며 하셨던 일의 연장선에 내가 하는 일이 있다는 생각이 들었다. 이와 같이 하나님께서는 우리 인생 가운데 다양한 복선을 심어주신다. 그분이 예비하신 길을 따라가다 보면 이런 복선들을 만나게 되고, 우리 삶 가운데 대를 거듭해서 이루고자 하시는 아름다운 그분의 계획들을 확인하게 된다.

나는 서울의 변두리 달동네에서 초등학교와 중학교를 다녔다. 학교에 다니던 시절, 어두운 경험의 그림자가 짙었다. 동급생들로부터 구타를 당한 적도 있고, 반장이 되었는데도 부모님이 학교에 기여하지 않는다며 선생님으로부터 따귀를 맞은 적도 있다. 돌아보면 아픈 경험들까지도 내가 새로운 학교 교육을 추구하는 과정에서 자산으로 사용되었다는 생각이 든다.

크고 도도하게 흐르는 하나님의 계획의 강물에 몸을 던지는 인생은 그 은혜의 강물을 지속적으로 누리며 살 수 있다.

내 꿈은 교수가 되어 대학에서 학생들을 지도하고 연구 활동을 하는 것이었다. 그 꿈과 기회를 하나님께 드렸을 때, 다른 환경과 방식으로 내가 교육자의 길을 갈 수 있도록 길을 열어 주셨다.

내가 미국 유학을 준비하던 때, 하나님께서는 내 전공을 이슬람 역사 쪽으로 바꾸게 하셨다. 그 분야로는 준비되어 있지 않았고 자신이 없었지만 인도하심을 확인하고 그 방향으로 몸을 던졌다. 그러나 내가 왜 그 공부를 해야 하는지 다 이해되지 않았다.

인도네시아 사역으로 부름받고 나서야 나는 이해할 수 있었다. 15년이 걸렸다. 때로는 이렇게 긴 시간 동안 이해되지 않아도 하나님께 순종하며 걷기를 원하신다는 깨달음이 왔다.

하나님의 인도하심에 순종하며 우리의 기회와 꿈을 맡겨드릴 때, 그분이 우리를 향해 갖고 계신 크고도 섬세한 계획들이 구체적으로 드러나고 열매 맺는다. 우리가 그분을 기대할 수 있는 또 하나의 이유다.

Epilogue

우리를 향한 기대를 기억함

마중하다 2015

선교지에서 하나님을 만나고 경험하면서 배운 것이 있다. 하나님나라의 핵심은 관계로의 부르심에 있다는 사실이다. 하나님을 믿는다는 건 하나님과 관계를 맺는 것이다. 생텍쥐페리가 쓴 《어린 왕자》에서 여우가 말하는 '길들여짐'의 과정으로 들어가는 것이다.

하나님과 관계 속으로 들어가는 건 남녀가 만나 결혼해서 가정을 이루는 것과 같은 실제적인 경험이다. 결혼생활에서 배우자에게 집중하고 서로를 더 깊이 알아가지 않는다면, 어느 순간 관계가 소원해지고 그 관계를 지속할 의미를 잃어버릴 수 있다.

하나님을 믿는 과정에서도 때로 상심하여 마음이 공허하게 느껴지는 경우가 있다. 이때 비로소 우리는 하나님과 진정 생명 있는 관계로 맺어져 있는지를 점검하게 된다.

관계는 저절로 만들어지지 않는다. 서로를 향한 결단이 필요하고 함께 노력하며 보내는 시간이 요구된다. 하나님과 관계를 맺는 과정에도 시간이 필요하다. 우리가 하나님을 믿

고 따르기로 결단하는 시간이 필요하지만 그것만으로 관계가 형성되고 자라는 건 아니다. 때로는 상대방에게 상처를 받거나 그의 의도를 오해하는 시간도 있다. 그 관계를 위해 오래 헌신하면서 견뎌야 한다. 또 서로에 대해 알아가고 관계를 누리는 법을 배우는 과정이 필요하다.

하나님께서는 우리와의 관계 맺음을 이렇게 디자인해놓으셨다. 어떤 동물들은 태어난 지 몇 시간 만에 걷고 뛰고 어미를 따라다니며 먹이를 찾는다. 몇 시간 안에 스스로 문제를 처리하는 존재가 된다.

하지만 사람은 처음부터 혼자 걷지 못하고 여러 해 동안 부모와 붙어 있어야 한다. 그 시간을 통해 애착관계를 가지게 된다. 하나님께서는 우리가 이처럼 오랜 시간을 거쳐 그분에 대해 배우고 경험하도록 만드셨다.

하나님 자신이 우리를 오랜 시간 기다리기로 작정하셨다. 한 사람을 변화시키고 관계 속으로 부르시려고 수많은 세월을 기다려주신다. 그리고 이스라엘의 역사의 예에서 보듯이 한 민족을 오랜 시간에 걸쳐 기다려주신다.

또한 예수님은 사랑하는 신부를 다시 찾아 이 땅에 오시기까지 계속 기다리고 계신다. 깊은 사랑은 기다림을 동반한다. 예수님의 신부 된 우리도 이 땅에서 그분을 기대하며 기다리도록 부름받았다. 기다림이 큰 만큼 기대가 자라고, 우리의 사랑의 그릇도 커질 것이다.

하나님의 인도하심 가운데 가나안으로 떠났던 아브라함은 정착 과정에서 기근을 경험하고 그 인생의 여정에서 몇 차례의 전쟁 상황에 처했다. 하지만 그는 지속적으로 하나님의 공급과 인도와 평안을 경험했다.

하나님께서 아브라함에게 주신 자손에 대한 약속이 이루어지지 않고 있던 때에도 그는 지속적으로 하나님의 신실하심을 맛보고 누리며 관계 안에서 자라갔다.

··· 소망 가운데 기다림

사탄은 우리의 어떤 부분이 약한지를 너무나 잘 알고 그곳을 집요하게 공략한다. 그런데 하나님께서 그것을 허락하시는 이유가 있다. 우리가 그 공격을 이기며 정금과 같이 나오기를 기대하시기 때문이다.

때로는 우리가 그 공격에 넘어지고 실수하는 경우도 있다. 그런 상황에서 우리가 좌절하지 않아도 되는 이유가 있다. 복음은 실수를 허락하고 용납한다. 나의 약함과 실수를 직시하고 하나님 앞에 고백하며 나아가면 된다. 우리에게는 항상 두 번째 기회가 주어진다. 즉 엎드려 회개하며 다시 하나님의 얼굴을 구할 수 있다면 우리에게 소망이 있다.

교회 생활을 오래 하거나 신학적 지식을 쌓을수록 우리의 약함을 드러내기보다는 도리어 그 지식을 자신의 행위를 변호하는 데 활용하기 쉽다. 그런 사람일수록 다른 사람의 잘못과 실수에 못 견뎌하고 정죄하며 끌어내리려 한다.

하지만 하나님께서는 항상 우리에게 다시 시작할 수 있는 기회를 주신다. 우리가 그 하나님을 기대할 수 있다면 넘어져도 다시 소망 가운데 일어설 수 있다.

사도행전과 요엘서에는 "자녀들은 예언할 것이요, 청년들은 환상을 보고, 늙은이들은 꿈을 꾸리라"는 예언적 메시지가 선포되어 있다. 성경 문학에 자주 등장하는 패러럴리즘(parallelism) 패턴을 고려해서 이 구절을 풀어 읽으면, 자녀와 청년과 늙은이들이 전 세대적으로 예언을 하고 환상을 보고 꿈을 꿀 것이라는 말이 된다.

예언과 환상과 꿈은 다른 형태이지만 그 지향점은 하나다. 즉 하나님 안에서 갖는 소망을 의미하는 것으로 볼 수 있다. 소망을 갖는다면 우리는 회복될 수 있다. 소망의 메시지는 바로 회복의 메시지이기도 하다. 우리와 하나님의 관계가 무너진 것처럼 보일 때 우리를 향한 그분의 기대를 기억하고, 또 그분을 향한 소망을 간구할 때 관계가 회복될 것이다.

극심한 고통 가운데서도 하나님을 경험했던 헬렌 로즈비어 선교사의 인터뷰가 《잊혀진 가방》의 뒷부분에 나온다.

질문자: 하지만 너무 힘들고 마음이 무너져 있을 때, 그때는 말씀을 묵상하고 기도를 할 힘조차 남아 있지 않을 수 있습니다. 그때는 사명을 어떻게 회복할 수 있습니까?

헬렌: 그러할 땐, 이것을 기억하시기 바랍니다. 주님께서 당신 안에 살아 계시고, 그러하신 주님께서 당신을 사랑하신다는 것입니다. 만약 주 예수님께서 당신 안에 살아 계시고 그분이 당신 속에 살아 계신다면 당신은 결코 잊을 수 없습니다. 주님이 우리 속에 계신다는 것을 말입니다.

당신이 직장에서 지치고 하는 일이 힘들어 탈진될 수 있지만 예수님을 향한 사랑은 결코 소진될 수 없습니다. 항상 기억하시기 바랍니다. 주께서 우리를 어디에 보내시더라도 우리가 예수님을 위해 살고 있다는 것입니다. 그리고 저는 당신이 어떤 것도 해야 할 필요는 없다고 생각합니다. 살다 보면 하나님께서 모든 것을 인지하고 계신다는 것을 알게 됩니다.

어떤 분이 저에게 "예수님은 지금 천국에서 당신을 위해서 기도하고 있습니다. 그래서 당신이 지금 아무것도 하지 않는다고 할지라도, 너무 피곤하여 힘들고 두려움 가운데 있다 할지라도, 그냥 주님이 행하실 모든 일에 '아멘!'이라고 말씀하시면 됩니다"라고 했는데 그것이 저를 도와주었습니다.

— 《잊혀진 가방》(누가 간, 284쪽)

관계를 맺는 과정에 반드시 견뎌야 하는 시간이 찾아온다.

함께 걸어가는 과정에 서로를 향한 신뢰가 흔들리는 어려운 고비가 찾아온다. 이 시간을 견디고 관계를 지탱하는 데 서로를 향한 지속적인 기대와 소망이 중요한 힘이 된다.

하나님과 실제적인 관계 속에 들어가 있다면 어려움과 고통 가운데도 주님을 향한 소망과 기대로 그 시기를 통과할 수 있다. 그 어려움과 고통마저 우리가 하나님을 경험하고 배우며 누군가에게 유익을 끼치는 도구로 사용됨을 깨닫게 될 것이다.

인도네시아에서 나는 그것을 재확인할 수 있었다. 하나님으로부터 온 꿈을 기억하며 보내심을 받은 현장에서 어려움을 견뎌내며 소망 가운데 기다려야 했다. 그 후에 하나님께서 그분의 시간에 일해주시는 걸 보았다.

이 글을 쓰는 가운데 여전히 싸워나가야 할 문제가 산적해 있다. 그럼에도 불구하고 앞으로도 계속 하나님의 신실하심을 누리게 될 것을 기대하며 한 걸음 한 걸음 나아갈 것이다.

인도네시아 한국교육단지 조성 진행 과정

2013년 2월, 수술을 마치고 자카르타에 돌아와 하나님의 인도하심을 구하며 기다렸다. 그런 가운데 학교 부지에 건축을 준비하라는 마음이 부어졌다. 실제로 건물을 지을 수 있는 첫 후원이 들어오면서 건축 허가를 받기 위해 캠퍼스 마스터플랜을 준비해야 했다.

자카르타에서 대학 건립 허가를 받기 위해서는 먼저 건물과 교수진이 갖춰져 있어야 한다. 그래서 일단 건물을 세워야 하는데, 건물을 대학 교육 외에 다른 용도로도 활용할 수 있는 계획이 필요했다.

그러던 중 선교사 자녀학교나 직업훈련 학교가 선교적으로 중요한 역할을 할 수 있다는 사실을 알게 되었다. 그래서 여러 학원과 교육기관과 직업훈련 학교로 공간을 활용, 통합해서 대학으로 승격시켜가는 방안을 세웠다.

그리고 그 설립 계획의 이름을 '한국교육단지'(Korea Education Complex, K-Eduplex)로 정했다. 보수적인 모슬렘들이 밀집하여 교회 건물을 불태우거나 돌을 던지고 문을 닫게 만드는 지역인 만큼 중립적인 이름으로 들어가야 한다는 전략을 세웠다.

또 자카르타에 거주하는 한인들이 함께할 수 있는 사역으로 가기 위한 이름이기도 했다. 한편 '케이 에듀플렉스'의 첫 글자

K는 인도네시아어로 '그리스도'(Kristus), '사랑'(Kasih), '공동체'(Komunitas)를 의미하기도 했다.

우리와 연결된 '국제전문인도시건축봉사단'(BaMI:Builders as a Mission International, 대표 천근우) 산하의 봉사 겸 학술 단체인 ICAI(Institute of Christian Architecturers International)가 2014년 1월에 자카르타를 방문해서 학교의 마스터플랜을 만들어주었다.
이 단체는 선교의 사명을 가진 크리스천 건축가들이 선교지에서 건축을 통해 선교를 측면 지원하며 물심양면 헌신하는 기관이다. 이들이 전문가로서 재능기부한 것을 금액으로 환산하면 한화로 5억 원 이상의 가치가 있다는 이야기를 들었다.
5명의 건축가와 전문 교수진과 건축과 학생 자원 봉사자 등 35명이 스스로 경비를 조달해서 1월 9일부터 25일까지 16박 17일의 일정으로 자카르타에서 부지 마스터플랜 작업을 맡아주었다.
그 후 2년 동안 건축 허가 작업을 진행하고, 2016년 초에 시공업체를 선정해서 현재 첫 번째 건물인 복합동을 건설 중에 있다. 카페와 식당, 강의실과 사무실, 교직원 숙소와 기숙사가 함께 있는 5층 규모의 다목적 건물로 연말 완공을 목표로 진행하고 있다.
학교 부지는 자카르타의 동북부 지역에 위치한 동남아시아 최대 첨단 제조업 공단을 끼고 개발된 신도시인 찌까랑에 자리 잡고 있는데, 인근 산업단지를 돕기 위한 산학협력 클러스터의 한 축으로 개발되고 있다. 약 20년에 걸쳐 대학교 강의동, 기숙사, 도서관 등을 위해 8~10채의 건물이 들어서고 다양한 교육 사역이 진행될 예정이다.

우리 사역 팀은 2015년 초부터 현재까지 찌까랑 도심에 있는 건물을 임대해서 영어, 한국어, 인도네시아어를 가르치기 위해 어학원과 방과후 영어 교육 프로그램을 운영하고 있다. 또한 1학년에서 12학년까지 있는 소규모 선교사 자녀학교가 정부 허가를 받고 운영되고 있다. 이 모든 프로그램은 복합동이 건설된 그곳에 이전될 것이다.
뿐만 아니라 대학교 설립 허가가 진행되어 올해 안에 경제학 단과 대학이 허가받은 이후에 운영될 예정이다. 그 후 정보학, 전자공학, 영어 교육, 한국어 교육, 음악 미술을 포함한 예술, 그리고 한의학 등의 학과가 단계적으로 설립되어 10년 안에 종합

대학으로 발전시킬 계획을 세우고 진행하고 있다.

한 사람이나 몇몇 사역자들의 힘으로는 불가능한 일이기에 꿈꾸게 하신 하나님께서 도울 자들을 붙이시며 그 일을 이루게 하실 걸 기대하면서 한 걸음씩 걸어가고 있다.

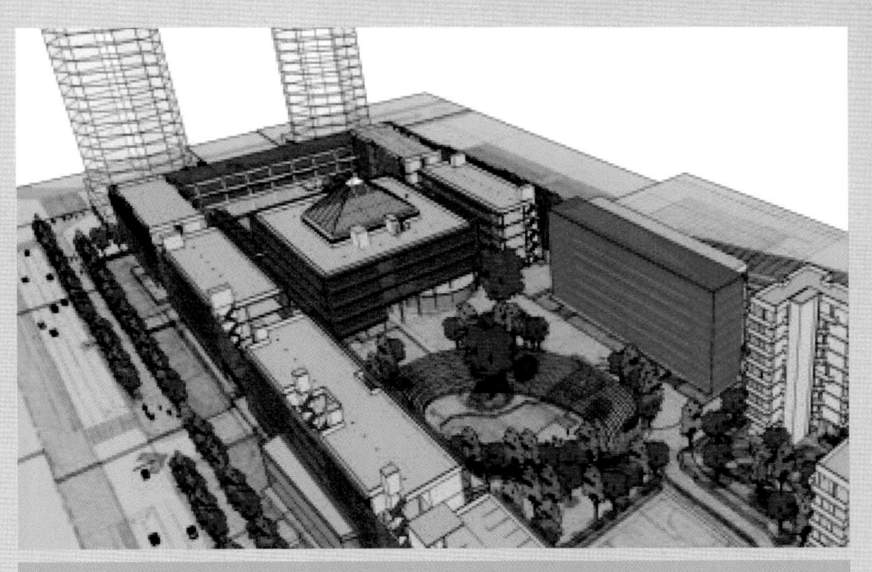

기대

초판 1쇄 발행 2016년 5월 31일
초판 18쇄 발행 2024년 11월 5일

지은이 이용규

펴낸이 여진구
책임편집 김아진
편집 이영주 박소영 최현수 구주은 안수경 김도연 정아혜
책임디자인 마영애 | 노지현 조은혜
홍보 · 외서 진효지
마케팅 김상순 강성민
제작 조영석 허병용
마케팅지원 최영배 정나영
경영지원 김혜경 김경희

303비전성경암송학교 유니게 과정
이슬비전도학교 / 303비전성경암송학교 / 303비전꿈나무장학회

펴낸곳 규장

주소 06770 서울시 서초구 매헌로 16길 20(양재2동) 규장선교센터
전화 02)578-0003 팩스 02)578-7332
이메일 kyujang0691@gmail.com 홈페이지 www.kyujang.com
페이스북 facebook.com/kyujangbook 인스타그램 instagram.com/kyujang_com
카카오스토리 story.kakao.com/kyujangbook
등록일 1978.8.14. 제1-22

책값 뒤표지에 있습니다.
ISBN 978-89-6097-452-4 03230

규 | 장 | 수 | 칙

1. 기도로 기획하고 기도로 제작한다.
2. 오직 그리스도의 성품을 사모하는 독자가 원하고 필요로 하는 책만을 출판한다.
3. 한 활자 한 문장에 온 정성을 쏟는다.
4. 성실과 정확을 생명으로 삼고 일한다.
5. 긍정적이며 적극적인 신앙과 신행일치에의 안내자의 사명을 다한다.
6. 충고와 조언을 항상 감사로 경청한다.
7. 지상목표는 문서선교에 있다.

하나님을 사랑하는 자 곧 그의 뜻대로 부르심을 입은 자들에게는 모든 것이 合力하여 善을 이루느니라(롬 8:28)

규장은 문서를 통해 복음전파와 신앙교육에 주력하는 국제적 출판사들의 협의체인 복음주의출판협회(E.C.P.A:Evangelical Christian Publishers Association)의 출판정신에 동참하는 회원(Associate Member)입니다.